日本人はいつ日本が好きになったのか

竹田恒泰
Takeda Tsuneyasu

PHP新書

この本を手に取った方へ

僕には夢があります。それは日本が輝きわたること。僕は日本がダイスキなので、ダイスキな日本が輝くのはとても嬉しいことです。皆さんはどうですか？　たぶんほとんどの人が日本のことが好きですよね。

いまは「日本が好き」と言える時代ですが、すこし前まで、たったそれだけのことを、言うことができませんでした。もし口に出すと、すぐに「右翼」と叩かれました。それって、何かおかしいと思いませんか？　日本人が日本のことを好きで、いったい何がいけないのでしょう。

かつて日本人は、自分の国を愛し、誇りに思っていました。それがなぜ変わったのでしょう。それは、日本を愛することが禁止されたからです。戦争に負けるというのは、そういうことなのです。

長い時間がかかりましたが、ようやくこの縛りから抜け出すことができそうです。これから、日本はどんどん進化していきます。日本の未来を考えるすべての人に読んでもらいたい一冊です。

竹田恒泰

日本人はいつ日本が好きになったのか　目次

この本を手に取った方へ

第一章 「普通の国」へ進化してきた日本

- 戦争が起こったら国のために戦いますか？　12
- 自国を好意的に評価した日本人はわずか四一％　16
- 国防意識に直結しない日本の愛国心　19
- 被災地の人びとがキリストに見えた奇跡　21
- もし東日本大震災がなかったら……　23
- 領土問題と民主党政権が与えた影響　26
- 「ばらまき選挙」から「国のかたち」を問う選挙へ　28
- 「左寄り」が日本社会の基準点　30
- 祖国を誇りに思うのは自然なこと　34

第二章 GHQが日本人を骨抜きにした

連合国が日本を占領した目的 40
昭和天皇はヒットラーの日本版？ 43
マッカーサー元帥が書き残した感動 47
天皇の存続を決定した元帥の極秘電報 51
玉砕と特攻隊は理解不能の戦法だった 53
戦後の日本人は「ゆでガエル症候群」 57
誇りを踏みにじる新聞の連載記事 60
巧妙に実行された宣伝計画 64

第三章 「戦後教育マニュアル」の正体

痛恨の一撃だったGHQの政策 70
教育に関する四つの指令 72

第四章 「国体の護持」を達成した日本国憲法

建国の経緯を教えられない現代日本人 76
明治天皇を紹介しない中学の教科書 78
教育改革の決定打は「教科書検閲の基準」 81
歴史と神話を封印すれば民族は滅びる 84
占領下の学校教科書はこう作られた 87
「新教育指針」には何が書かれているのか 89
占領政策をそのまま引き継いだ日教組 94
ポツダム宣言を受諾した目的 100
日本は本当に無条件降伏したのか 103
天皇の地位をめぐって沸騰した議論 106
日本国憲法の基礎を成す「マッカーサー・ノート」 109
「国体は破壊された」と騒ぎ立てる戦後の憲法学者 114

第五章　九条改正と謝罪外交の終焉

●憲法が変更しても主権者は変更していない　118
●押し付け憲法＝「無効」という論理のおかしさ　121
●日本人が死守した条文を忘れるな　124
●タブーではなくなった憲法改正　130
●集団的自衛権はなぜ行使できないのか　132
●「必要最小限度」の実力では国を守れない　135
●そもそも攻撃とは相手の弱点を突くもの　137
●領土への信念を示せなかった民主党　140
●求められるのは「和の外交」である　143
●非常事態が想定されていない日本国憲法　146
●ロシアが北海道に侵攻したらどうなる？　149
●ならば九条をどう書き換えるのか　152

●謝らなくてもよいものに謝らない日本へ 154

第六章 中国は敬して遠ざけよ

●中華王朝は世界最大の経済大国だった 158
●中華帝国と親密な国ほど早く滅びる 162
●なぜ中国は尖閣をほしがるのか 166
●中国軍が世界最強の軍隊になる日 169
●経済成長の妨害を水面下で進めよ 172
●兵法「遠きと交わり近きを攻める」に学ぶ 174
●試される日本の外交力・忍耐力・想像力 177

第七章 前近代国家・韓国の厄介さ

●法治国家に見えて法治国家ではない国 184

仏像返還差し止め事件の滅茶苦茶な主張 186
犯罪者でも反日ならば英雄になる 190
対日請求権問題は全て解決済み 194
「日韓請求権協定」を踏みにじる二つの判決 196
東京都よりも小さい韓国経済 199
日本が朝鮮と戦争をした事実はない 202
「在日」「帰化人」を同胞として味方につけよ 204
千年経てば「在日」という概念はなくなる 207
在日全体を否定するのはただの差別 209
なぜ韓国冷麵より盛岡冷麵のほうが旨いのか 211
異質であるから違ったものを生み出せる 213

終章 国を愛すれば未来は輝きわたる

日本経済の規模はいまだ大きい 218

●経済一辺倒になって滅びた国――カルタゴ 222
●教育・外交・軍事を変えれば国家が変わる 226
●教科書の近隣諸国条項を撤廃せよ 228
●日本を救う「子だくさん計画」 230
●歴史的に日本人は日本好きだった 233
●私たちが震災のなかで気付いたこと 235

あとがき

主要参考文献・引用文献

第一章

「普通の国」へ進化してきた日本

戦争が起こったら国のために戦いますか？

「あなたは日本のことが好きですか？」

いまや、大多数の日本国民はこの問いに対して「好きです」と答えるだろう。国を愛することは恥ずかしいことではないと思う若者が増えてきているのを、肌で感じた人も多いはずだ。

ところが、平成二十二年（二〇一〇）の時点では、日本のことを「好き」と言える人はごく少数派だったように思える。私は、日本人であることに誇りを持たず、すっかり自信を失ってしまった大多数の人びとの姿を見て、居ても立ってもいられなくなり筆を執ったのをよく覚えている。それで完成したのが『日本はなぜ世界でいちばん人気があるのか』（ＰＨＰ新書、二〇一〇年十二月）だった。

いまあらためて『日本はなぜ〜』の巻頭言を読んでみると、ハッとさせられる。まだ短い時間しか経っていないのに、その状況がいまと大きく変わっていると思うからだ。

「アメリカ人はアメリカを愛しています。韓国人も韓国を愛しています。でも、日本人は、なんだかそうではない。自分の国を愛せなくなっている人、または自分の国をよく知らない人が増えている気がします。僕はそれが悲しくて、日本人に『日本はこんなに誇れる国だ』と分かってほしくて、だからこの本を書きました」

平成二十二年の時点では、すでに日本人の愛国心は少しずつ高まりつつあったが、依然として「日本のことが好き」とはっきり言いにくい空気に包まれていたように思う。愛国的なタイトルの本を読んでいると、それだけで「右翼」のレッテルを貼られるような空気があった。

しかし、状況は数年で大きく変わった。私たちはいま、堂々と「日本が好き」と言えるようになった。

日本人が愛国心と自尊心を失っていることは、これまでに度々指摘されてきたことである。他国との比較をすると、日本人の愛国心の低さは歴然としている。

まず「世界価値観調査（World Values Survey）」の結果を見てほしい。この調査は各国の大学や研究機関が参加し、日本では電通総研が窓口となり、五年毎に行なわれている（『世界60カ国 価値観データブック』電通総研他編、同友館、二〇〇四年）。各国毎に十八歳以上の男女一〇〇〇サンプルほどを基本とし、共通の調査票で各国国民の意識を調べた結果、日本人の国防意識の欠如が明らかになった。

「もし戦争が起こったら国のために戦うか」という問いに対する回答は、「はい」の比率が日本では二〇〇〇年に一五・六%と、公表された三六カ国中、最低だった。また「いいえ」の比率は四六・七%と、スペインに次いで二番目の高さだった。そして、「はい」より「いいえ」が上回ったのは、日本・ドイツ・スペインの三カ国だけだった。その後の二〇〇五年の調査でも、「はい」と答えた日本人の比率は一五・一%、二〇一〇年が一五・二%と、いずれも世界最下位を独走している。

逆に「はい」の比率が高い国は、二〇〇五年の調査では、スウェーデン八〇・一%、中国七五・七%、韓国七一・七%などが目立った。中位の主要国は米国六三・二%、ロシア六〇・六%、オーストラリア六〇・〇%、フランス五一・八%、英国五一・一%など。また低位ではイラク三〇・三%、ドイツでは二七・七%と日本に次いで、それぞれ三番目と二番目の低さだった。

六〇%を超える国がほとんどを占めるなか、特に東アジアでは中韓の意識の高さと、日本の意識の低さが際立っている。意識の低さで次点だったドイツですら、日本とは倍近い開きがあり、日本人の国防意識の低さは他国と比較すると明白である。このような日本の状況は、極めて危険と言うほかない。

「もし戦争が起こったら国のために戦うか」という問いかけは、愛国心そのものを問うものではないが、愛国心を評価する一つの尺度になることは間違いない。

各国の自国に対する誇りの強さについての調査結果も見逃せない。英誌『エコノミスト(The Economist)』が二〇〇九年十月二日に発表した調査結果によると、世界二三カ国中、自国に対する誇りが最も低い国が日本だった。同調査は採点方式で行なわれ、一〇〇点満点中九〇点前後をつけたのがオーストラリアで第一位、それからカナダ、フィンランド、オーストリア、シンガポール、インド、中国、フランス、スペイン、チリ、そして米国が七〇点と続き、最低の日本は五六点だった。「あなたは〇〇人であることにどれくらい誇りを感じますか?」の質問についても「非常に感じる」「かなり感じる」と答えた人は五七・四%と低く、日本は三三カ国中、二三番目だった。

また、英国のBBC放送が二〇カ国以上で数万人を対象に毎年行なっている世論調査で「世界に良い影響を与えている国」として、最も高く評価されたのが日本だったことは、拙著『日本はなぜ世界でいちばん人気があるのか』で詳細を記したとおりである。その後の調査でも日本は高い評価を受け続け、二〇一二年に発表された調査結果でも最高の評価を得た。

ところで、二〇一三年発表の同調査で日本の評価は四位になったが、これについて『朝鮮日報』日本語版は六月二日付で「それでも世界から愛される日本」と題し、「日本の人気は、世界全体にほぼ満遍なく分布している。韓国人と中国人による圧倒的な否定的評価がなかったら、日本は今年も、世界で最も人気ある国の座を争っていたかもしれない」「来年の調査でも、日本は『世界の人々が好む国』のトップ圏からは外れないと思う」と分析している。

自国を好意的に評価した日本人はわずか四一%

さて、同調査では他国に対する好感度だけでなく、自国に対する好感度も調査の対象としているが、日本人の日本に対する評価の低さは毎年異常である。日本を好意的に評価した日本人は、二〇一二年の調査では四一%と、パキスタンに次いで二番目の低さだった。自国に対する評価が高い国から順に、カナダとブラジルが八八%、中国が八六%、フランスが七五%、ロシアが七二%、英国が七一%、米国とドイツが六七%、インドが六四%といずれも高く、五〇%を下回るのは日本とパキスタンだけだった。

世界の人びとは日本に最も強く好感を寄せているにもかかわらず、当の日本人は日本のことをよく思っていないことがわかる。**どうやら日本人は日本のことが好きではないらしい。**

もしわが国が、戦争の最中にあり、治安が悪く、物資が不足し、インフラが未整備で、学校や病院も不足していて、文化程度が低い国ならば、国民が自国のことを低く評価しても致し方ない。

だが、実際の日本はそれとはまったく正反対で、平和で、治安もよく、物資に溢れ、インフラも、学校や病院も整備され、文化の香り高い豊かな社会である。しかし、そのような豊かな社会に暮らしていながら、たった四一%の人しか日本のことを肯定的に捉えていないのは、極めて異常ではあるまいか。

日本とは対照的に愛国心が強い中国では、国内の調査でもほとんど同様の結果が示されている。『中国青年報』は、二〇〇九年九月に上海の復旦大学が、任意に選んだ同市の一九大学の大学生向けに実施したアンケートで、「自分は愛国精神を持っている」と回答した学生が九割を超えたと伝えた。その内訳は、「とても」が三三・〇%、「まあまあ」が五七・九%で、肯定的な回答の合計は九〇・九%だった。しかも「現代の大学生の愛国度は上の世代にかなわないと思うか」との質問には、六三・五%が「そう思わない」と答えたという。

また、二〇一二年五月に中国共産党機関紙である『人民日報』系の『環球時報』は、主要七都市で十五歳以上を対象にした世論調査で、「国を愛している」と回答した人民が九八％に上ったと発表した。なおこの調査では、ご丁寧に「中国の愛国主義が人為的に煽られたものので、民主化実現を妨げている」との見方に対して、「同意しない」が約七〇％で「同意する」の約二〇％を大きく上回ったとも付け加えている。

中国では二〇一〇年に国防動員法が制定され、十八歳から六十歳までの男性と、十八歳から五十五歳までの女性に国防義務を課し、違反者には刑事責任を問うことが明文化された。また、在外中国人も対象とされたため、日本に住む中国人も、有事に当たっては国防に従事することになる。

「国防教育は赤ん坊のときから始めよ」

これは鄧小平の言葉である。中国は一九九四年に「愛国主義教育実施要綱」を作成して愛国教育を制度化し、二〇〇一年に国防教育法を成立させて、国防教育をも制度化してきた。同一条に「国防教育を強め、愛国主義精神を広め、国防と社会主義精神文明建設を促すために制定」と、その目的を掲げ、祖国を愛することは人民の義務とされたほか、高等中学（日本の高等学校に相当）で軍事訓練を行なうことも明記した。また、学校では国旗の掲揚と国歌の斉唱を徹底している。

国防意識に直結しない日本の愛国心

中国の事例だけを見ていると、いささか過激に思う人も多いだろう。しかし、このように、憲法で国民になんらかの国防や兵役の義務を課す国は五〇カ国以上あり、なかにはポーランドなど「国への忠誠」をも義務付ける国さえある。

これまで、戦争が起きたら戦うかどうか、日本人であることを誇りに思うかどうかなどの意識について見てきたが、次に、愛国心そのものを問う意識調査の結果を確認しておきたい。平成二十五年二月に内閣府が行なった「社会意識に関する世論調査」では、「国を愛する気持ちの程度」について、「強い」が五八・〇%、「弱い」が五・七%、「どちらともいえない（わからない）」が三六・四%だった。

この世論調査は毎年行なわれていて、平成十二年の調査で「強い」が四六・四%を記録してから大方上り調子で、これまでに最も高かったのが平成二十五年である。だが、上がっているとはいえ、国際的に見たらまだまだ低い水準だ。

また、同調査では「国民全体の利益」と「個人の利益」のどちらを優先すべきかを問うたところ、「国民全体の利益」と答えた人は、平成十七年では三七・一％で、それまでは同様に停滞していた。ところが、翌平成十八年では四四・九％に急増し、その後も増加して、平成二十五年には五三・五％となった。

そもそも愛国心というものは調査結果だけで定量化できるものではない。しかし、各種世論調査の結果を眺めることで、大まかな傾向を把握することはできよう。

これまでのデータから読み取れるのは、日本人は戦後すっかり誇りと自信を失ってしまったということ、そして、日本には強い愛国心を持つ人が五割強いたとしても、それは必ずしも国防意識に直結していないということ。もしかすると「強い愛国心」といっても、サッカーを応援する程度の思いでしかないのかもしれない。日本を愛する気持ちはあるが「不利益を被ってまで守ろうとは思わない」ということなのだろう。そのような気持ちを果たして「国を愛する気持ち」ないし「愛国心」と呼んでよいものか、疑問ではある。

また、前出の内閣府の世論調査から、「国を愛する気持ちの程度」について、「強い」と答えた人が、平成十二年に四六・四％で底打ちしてからというもの、大方上り調子を維持してきたと述べた。これにより、平成二十五年までの十数年間で、徐々に日本人の愛国心が高まってきたことが窺える。だが、ここ数年で劇的な変化が生じているわけではない。

被災地の人びとがキリストに見えた奇跡

だがしかし、近年急激に「日本が好き」と言える空気が作られたと思わないだろうか。前出の内閣府の調査から、平成十二年ごろから日本人の愛国心が徐々に高まりつつあったことは読み取れる。その後、平成二十年に中国製餃子中毒事件が、平成二十二年に尖閣諸島で中国漁船衝突事件が起き、日本人の反中意識に火が付いた。この二つの事件が、日本人の愛国心を呼び覚ます引き金となったようだ。

内閣府の世論調査によれば、中国製餃子中毒事件の前後で「国を愛する気持ちの程度」について、「強い」と答えた人が、五二・一%から五七・〇%に一気に四・九ポイントも上昇している。その後、若干低下したものの、今度は尖閣事件で再び上昇する。尖閣事件の前後では、五四・六%から五六・八%に二・二ポイント上昇した。二つの事件が日本人の愛国心の強さに影響を与えたと見てよいだろう。

そこに平成二十三年の東日本大震災が起きた。大震災は少なからず日本人の意識に影響を与えたに違いない。「日本が好き」と言えるようになったのは、東日本大震災が最大の要因だったと私は思う。

被災地の人びとは、いかなる困難な状況にあろうとも、冷静さを失うことなく、譲り合いながら、礼節をも忘れず、誰に文句を言うわけでもなく、自分たちの力で立ち上がろうとする美しい姿を見せてくれた。そして、その姿は世界を感動させ、世界中の報道機関が被災地の人びとのことを絶賛した。

異邦人たちが特に注目したのは、一人で何百人も助け出したような英雄ではなく、むしろ、困難ななかで助け合う一人ひとりの被災者の姿だった。ところが、異邦人たちが絶賛する日本人の姿は、私たち日本人にとっては、それがなぜ絶賛に値するのかわかりにくい。

たとえば、世界中のメディアが繰り返し報道したのは、ただガソリンを給油するために並んでいる車の長い列や、ただ食料の配給を待っている人たちの姿、そして、日本の被災地で略奪と暴動の類い(たぐ)いが皆無であったことなどである。いずれも日本人にとっては至極当然のことばかりだが、異国ではそれが信じられないようだ。

私のフランス人の友人が、震災後にニュース映像で見た被災地の人びとの姿に感動したというメールを送ってくれた。なんとそこには「**被災地の日本人の姿は、一人ひとりがおよそイエス・キリストのように見えた**」と書かれていた。

その後、ミャンマーに行ったとき、ガイドの女性からも、似たようなことを言われた。

「東北の人たちの姿は、全員がブッダのように見えた」と。

ヨーロッパやアジアの国々を訪れても、決してキリストやブッダのような聖人に会うことはない。そもそも、滅多に現れないからこそ「聖人」なのであって、もし身近に居るようなら、二千年以上も拝まれることはなかろう。敬虔（けいけん）なるキリスト教徒と仏教徒が、このように語るのは尋常なことではない。要するに「この世の奇跡を見た」と語っているに等しい。

もし東日本大震災がなかったら……

では、なぜ被災地の様子が異邦人たちには「この世の奇跡」に見えたのだろう。各国のメディアがよく引き合いに出したのが、二〇〇五年に米国の南東部を襲ったハリケーン「カトリーナ」の例である。私もCNNの報道を見ていて衝撃を受けた覚えがある。ハリケーンの来襲によって警察を含む行政機関の多くが機能を停止し、その後に住民たちが暴徒と化し、ニューオーリンズの巨大ショッピング・センターなどを次々と襲撃する事件が多発した。

暴徒たちはギャングなどではなく、つい数日前まで善良な市民だった人びとと思われる。なかにはお年寄りや女性、そして子どもまでもが含まれていた。そして、彼らは店を襲うことについて何の罪悪感も抱いていないように見えた。略奪品を抱えて、ニコニコ笑いながら出てきたからである。おそらく、いまは善良な市民として暮らしているのであろう。

ニューオーリンズは米国では比較的貧しい地域ではあるが、それでも米国は世界最大の経済大国に違いない。私はこの映像を見たとき、警察機能が停止したら人はこうなってしまうのかと思い、「性悪説」という言葉が頭を過（よぎ）った。

そして、二〇〇八年に起きた中国の四川大震災では、さらなる蛮行があったという。少ない食料と水をめぐって、殺し合いがあったというのだ。ニューオーリンズでの醜態と四川での惨劇は世界中の人たちの記憶に残っていた。いずれも世界に冠たる経済大国で起きた出来事である。このようなことが災害時の常識とされていたため、各国のメディアは、日本の被災地で暴動や略奪が起きないことを奇跡のように報道したのだ。まして、日本の被災者たちが礼節までも失わなかったことは、驚嘆をもって伝えられた。

そして、東日本大震災について、米国の『ニューヨーク・タイムズ』紙は社説に「米国人は日本人の精神から学ぶべきことがあるはず」と書いた。同紙は強い「対日強硬」姿勢の新聞だが、そのような媒体がかかる記事を掲載したことはまことに意義深いと思う。災害によって被災国が国際的な関心を集めることはよくあるが、災害が被災国とその国民の国際的評価を押し上げたという話は、私はこれまで聞いたことがない。

私たち日本人は、このように異邦人に言われて、初めて日本人の気質を知ることができたのではないか。たとえきっかけが異国からであろうとも、日本人が日本人のことを知る機会が得られたのは喜ばしいことである。震災から立ち上がるためのスローガン「がんばろうニッポン！」が口々に唱えられ、家族や地域の「絆」の大切さが確認されたことで、日本人は一つになった瞬間があった。そのことを忘れないようにしたいと思う。

しかし「もし東日本大震災がなかったら」と思うと、複雑な気持ちになる。おそらく、失われた日本人の宝を取り戻すことはできなかったかもしれない。たしかに震災前の日本は荒廃していた。カネに魂を売ったようなＩＴ会社の社長たちがちやほやされて、子どもたちが憧れ、金銭至上主義や拝金主義が蔓延（まんえん）する社会になりかかっていた。

日本がそのような荒廃した国になることを予測し、見るに見かねて命を絶った人がいた。三島由紀夫である。三島は自決する四カ月半前の昭和四十五年七月七日、『サンケイ新聞』夕刊に寄稿した記事を、次の言葉で締めくくっている。

「私はこれからの日本に大して希望をつなぐことができない。このまま行ったら『日本』はなくなってしまうのではないかという感を日ましに深くする。日本はなくなって、その代わりに、無機的な、からっぽな、ニュートラルな、中間色の、富裕な、抜目がない、或る経済的大国が極東の一角に残るのであろう。それでもいいと思っている人たちと、私は口をきく気にもなれなくなっているのである」

そして日本は三島の予言したとおりの道を四十年以上も歩み続け、「からっぽ」になりつつあった。そこに東日本大震災が起きたのである。

領土問題と民主党政権が与えた影響

そして震災と前後して、日本の領土が侵される事件が相次いだことも、日本人の愛国心に強い影響を与えた。すなわち、平成二十二年にロシアのメドベージェフ大統領が、大統領として初めて北方領土に上陸したこと、平成二十四年には韓国の李明博(りめいはく)大統領が、ロンドン・オリンピック開催中であるにもかかわらず、竹島に上陸したこと、また同年、日本政府が尖閣諸島を国有化したことに伴い、香港漁民の不法上陸事件と中国全土で大規模な反日デモが勃発したことなどが挙げられる。

特に李明博大統領については、天皇陛下を侮辱する発言をしたことで、日本民族の怒りを一身に浴びることになったほか、ロンドン・オリンピックのサッカー日韓戦で、韓国の朴鍾佑選手が試合後に、独島（竹島の韓国での呼称）は韓国の島であるとのプラカードを掲示した事件も、火に油を注ぐことになった。

また、中国全土に飛び火した反日デモは、ほとんど暴動やテロといっても差し支えない過激なもので、デモ隊は暴徒と化し、大規模な破壊行為と略奪行為に発展した。日本企業が甚大な被害を受けたため、日本人の対中感情は極限まで悪化した。

わが国の領土である北方領土と竹島と尖閣諸島が、ほぼ同じ時期に侵されたことで、これまで領土問題に慎重な立場を取っていた『朝日新聞』ですら、中韓を痛烈に非難する記事を書くようになった。いまや、中学生でも領土問題について真剣に議論しているという。公然と領土問題を議論できるようになったのは、極めて大きな変化と言うべきだろう。

さらにいえば、平成二十一年九月から平成二十四年十二月まで民主党が政権を担当したことも、日本人の愛国心に影響を与えたと思われる。民主党政権は「選挙当選互助会」と揶揄されたように、内部で意見がまとまらず、まともな要綱一つ作ることができなかった。また「ハンドルの付いていないバス」とも言われた。どこに行くかもわからず、でもアクセルだけは吹かすというのだから、そんなバスに乗せられた国民はたまったものではない。「一度はやらせてみよう」と民主党に投票した有権者たちのほとんどは、間もなく大きく反省することになった。

日本国民は、このような民主党政権を経験したことで、悲しいかな、政治の重要性を痛いほど知ったのではあるまいか。その意味で、民主党政権は国益に大きく貢献したともいえよう。民主党政権の最大の効果は、日本国民が、国のかたちを語り、それを実行できるリーダーを求めるようになったことだと思う。

●「ばらまき選挙」から「国のかたち」を問う選挙へ

このような一連の出来事を経ることで、私たちが「日本が好き」と堂々と言えるような空気が醸(かも)し出されたのではないだろうか。以前は領土問題に触れるだけで「軍国主義者」と罵(ののし)られる時代だった。日本人が日本の領土保全を口にするのは当然だが、その当たり前のことを当たり前のように言うことができなかった。**日本は「まともな国」もしくは「普通の国」へ向かって急速に「進化」してきたと思う。**

民主党政権が成立した平成二十一年八月の衆議院議員選挙は「ばらまき選挙」と言うに相応(ふさわ)しいものだった。この選挙の争点となったのは、家計に直接関係する話題ばかりだった。たとえば政権交代を成し遂げた民主党は、マニフェストに高速道路無料化、高校授業料の無償化、農業者戸別所得補償、子ども手当、ガソリン暫定税率廃止、最低保障年金制度などを盛り込んだが、そのうちのほとんどは実行できずに幕引きとなった。この選挙では自民党も民主党も、ばらまきを強調することに終始し、有権者のなかには、どちらの政党を選んだら自分の家計が楽になるかを基準に投票先を決めた人も多かったようだ。

しかし、この状況は至極危険な状況であると言わざるをえない。政党や候補者がカネをちらつかせて票をせびり、有権者が票をちらつかせてカネをせびるというのは、民主主義の最も落ちぶれた姿ではあるまいか。また、二大政党がばらまき選挙をしたということは、それ以外の選択肢がなかったのだから、民主主義が機能しなかったことを意味する。民主主義は選択肢があって初めて機能するからだ。もしそのような凋落した選挙を続けるなら、いっそのこと民主主義などやめてしまったほうがよいだろう。

わが国は憲法で議会制民主主義を採用している。そして民主主義は、国民が「賢い」ことを大前提としている。もし国民が賢くなければ、民意を問えば問うほどおかしな政治が行なわれることになってしまう。ということは、明文になくとも、国民は賢いことが義務付けられていると考えなくてはならない。平成二十一年の総選挙で、個人の利益目当てで投票した有権者の姿は、「賢い」国民の姿からはかけ離れていた。

ところが、平成二十四年十二月に行なわれた衆議院議員選挙で事態は様変わりした。このときばかりは、全ての政党がばらまき政策を提示せずに、国の在り方を語ろうとしたからである。そして有権者も、国のかたちを語り、それを実行できるリーダーを求めた。選挙の争点となったのは、震災復興、国土防衛、エネルギー政策、経済政策、TPP（環太平洋戦略的経済連携協定）、教育政策など、どれも国の骨格といえるものばかりだった。そして成立したのが第二次安倍晋三内閣である。おそらく、「国のかたち」が問われた選挙は、安保闘争以来ではなかろうか。本来、選挙はこのようにあるべきだと私は思う。

「左寄り」が日本社会の基準点

選挙の前後に、安倍氏待望の空気について「右傾化」という言葉がよく用いられた。これに対抗して、民主党は、自らを「中道」「中庸」などと表現し、自民党と差別化を図ろうとした。だが、安倍氏の立ち位置は果たして「右寄り」で、それを支持する空気は「右傾化」したものなのだろうか。

本来、安倍氏の立ち位置こそ「中道」「中庸」と呼ぶべきだと私は思う。領土を防衛し、若者が日本人としての誇りを持てるような教育を施し、金融緩和によって経済を梃子入れして「日本を取り戻す」ことは、全て普通の国なら当たり前のことばかりであり、「右寄り」の政策ではないはずだ。

ではなぜ、そのような立ち位置が「右寄り」といわれるのだろうか。それは、世の中全体が「左傾化」しているため、ど真ん中のことを言うと「右寄り」に聞こえることが原因であろう。保守政策の数々は、決して「右寄り」などではない。もし安倍路線が「右寄り」なら、世界の国々は皆、「極右」になってしまう。

ところで、今時の若者は、自分は右でも左でもない「ノンポリ」もしくは「無党派」と思っている人が多いようだ。だが、実際はそのように思っている人は「左寄り」であることが多い。テレビやラジオの世界では「『やや左寄り』の立場をとっていれば間違いがない」とよくいわれる。「左寄り」の教科書で勉強し、「左寄り」の放送に慣れ親しんでいれば自覚せずとも「左寄り」の思想になるはずだ。「左寄り」こそが日本社会の基準点となっているのである。

しかし、平成二十一年ごろまでは、しきりに「日本社会は左傾化している」と指摘されていたのを覚えているだろうか。それは民主党が政権を取ったことと関係がある。民主党は旧社会党の左派が党内で力を持っていたため、自ずと「左寄り」の政治が行なわれていた。外国人参政権、夫婦別姓、そして人権擁護などの法案が議論され、防衛面でも中国を刺激しないことを重視した運用がされ、北欧化がもてはやされる風潮とも重なった。

左傾化は日本だけではなく米国でも進行していた。オバマ政権が成立すると、オバマ大統領は国民皆保険の導入を目指すなど、これまでの市場重視の自由主義型経済（右派）から、政府介入重視の北欧型もしくは社会主義型経済（左派）に移行させる政策が取られてきた。二〇一二年の大統領選挙では、まさに経済的価値観を自由主義と社会主義のどちらに置くかが争われ、僅差でオバマ氏が再選を果たした。どちらかが圧勝すれば米国の行く末も決まったであろうが、僅差であったため、結局どちらの道を歩むか、決着に至らなかったと見てよいだろう。

ここで、右と左の思想について整理をしておきたい。「右寄り」「左寄り」などと表現すると、街宣やデモの活動に身を投じる右翼と左翼をイメージする人が多いかもしれない。しかし、ここでいう「右寄り」とは保守主義、「左寄り」とは革新主義のことで、政治的価値観の軸足を置く場所がいずれに寄っているかを問題にしている。保守主義は伝統・文化・権威を重んじる考え方で「右翼思想」に近い。また革新主義はそれらを重視せず、合理性を追求

ポリティカル・コンパス

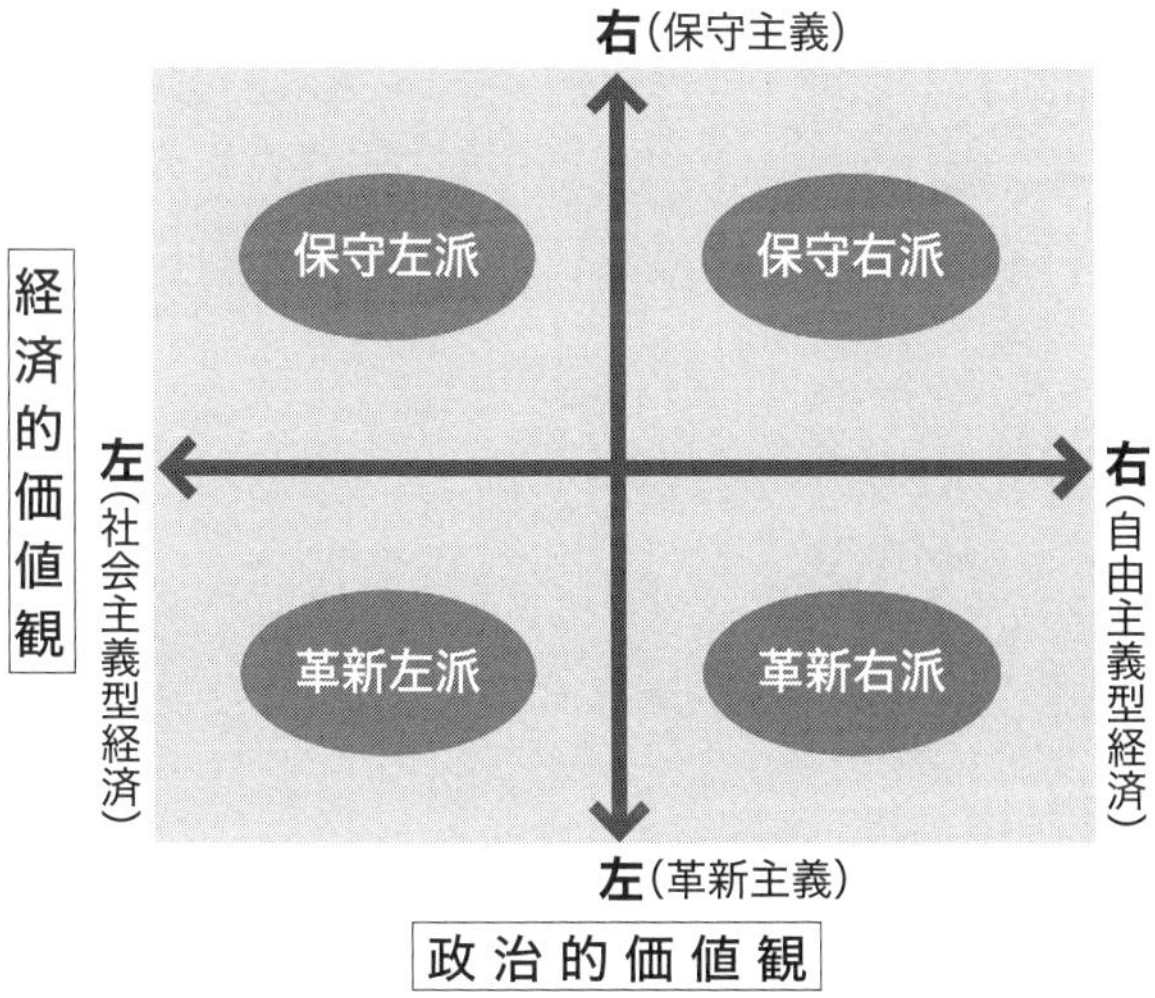

して物事を革新させていく考え方で「左翼思想」に近い。

一方で、経済的価値観も右と左に分類される。つまり、経済右派は市場重視の自由主義型経済を是とし、経済左派は政府介入重視の社会主義型経済を肯定する。そこで、政治的価値観を縦軸、経済的価値観を横軸にして、大きく四分類する考え方がよく用いられている。これをポリティカル・コンパスと言う。日本では保守と経済右派、また革新と経済左派の相性がよく、四分類上では「保守右派」「革新左派」と呼ばれている。また、「保守左派」や「革新右派」も十分に存在し得る。ちなみに私は完全な保守主義かつ、やや経済左派の位置に立っている。

このように、政治的価値観と経済的価値観は二つの独立した価値観であるが、それぞれについて論じると混乱するので、本書で「右寄り」「左寄り」というのは、政治的価値観についてのことだと理解していただきたい。

戦後日本においては、価値観が左右に振れることはなく、「左寄り」の革新思想が深く根を張っていた。この構造が変化し始めたのが平成十二年ごろで、その後、震災と外患と民主党政権を経験して、一気に価値観が保守思想に転換したものと思われる。さりとて、いまだに日本の社会は全体的に左に傾いている。しかし、ようやく「日本が好き」と言える空気が作られてきたと感じるのは私だけではないはずだ。

祖国を誇りに思うのは自然なこと

戦後、「国」は悪いものの代名詞として使われてきたが、国を愛する気持ちは高まる一方である。また、大震災の影響か、国のために生きることが「かっこ悪い」から「かっこいい」に変化しているように思える。震災後に自衛隊の志願者が急増したことからもうなずける。

学校の授業で将来の夢を発表する生徒が「お国のために生きます」とでも言おうものなら、教員は国民主権などを持ち出して「お前はお前のために生きろ」などと指導したことだろう。「IT会社社長になって金持ちになります」という生徒にはエールを送ってきたはずだ。本来、学校は「私」よりも「公」の大切さを教え、世のため人のために生きることの尊さを伝える使命を持つはずである。もしかすると学校は、自由・平等の教育を通して、子どもに個人主義を植え付ける機関になっていなかったか。この流れが震災後、確実に変わってきていると思うのだ。

そのことを肌で感じたのは、平成二十三年十二月二十三日に皇居で行なわれた天皇誕生日の一般参賀に参加したときのことだった。震災後最初の一般参賀で、しかも天皇陛下が長期間のご入院から退院あそばした直後だっただけに、大勢の参加を予想していたものの、私は参加者のなかの若者の比率がかなり高かったことに驚いた。私自身、数年ぶりの一般参賀だったが、以前は高齢者中心だった。ところがそのときは、明らかに若者中心だったのである。若い人が戦後初めて皇室に興味を持った結果だと思った。

震災後間もなく天皇陛下が国民に発せられた御言葉や、被災地を頻繁(ひんぱん)にご訪問になる両陛下の御姿は、天皇と国民の絆そのものを見る貴重な機会になったのではなかろうか。テレビ越しであっても両陛下の真摯なお姿は、多くの若者たちの気持ちを動かしたに違いない。教科書では「象徴」とだけ説明される天皇について、理屈を超えたものを感じた若者は多かったはずである。

変化はそれだけではない。書店の品揃えはその時代の世相を敏感に反映しているといわれるが、震災前と後では、明らかに並ぶ本の種類が変わった。それまでは日本を罵倒する本ばかり売られていたが、震災後はそれとは正反対に、日本の可能性や底力、そして魅力などを伝える本が山積みになり、いまだにその傾向は続いている。

震災と外患と民主党政権を経験することによって、日本人は戦後初めて日本に興味を持ち始めたようだ。いまや日本人として生まれてきたことに誇りを感じ、日本という国が存在することに感謝の気持ちを抱く人が増えているように思える。

これまで私たちは、国を愛したり好きになったりしてはいけないという教育を受けてきた。たしかに社会にはそのような空気が蔓延し、少しでも国を肯定しようものなら、軍国主義と罵られ、袋叩きにされる暗黒の時代を過ごしてきたのである。祝日に国旗が掲揚されないのもその表れであろう。日本国内にある国旗で、いちばん数が多いのはイタリアの国旗で、二番目がフランス、そしてようやく三番目に日本の国旗だというのだから、驚くほかない。

自分の生まれ育った国を誇りに思って大切にすることは、人としての自然な反応であり、むしろそうするのが自然なことではないか。日本人にとって日本は祖国であるから、特別な国であってよいはずだ。**そう、私たちは日本を好きになってもよいのである。**これからは誰もが胸を張って「日本が好き」と言える時代になると信じている。

第二章 GHQが日本人を骨抜きにした

連合国が日本を占領した目的

戦後の日本人が、誇りと愛国心をすっかり失ってしまったこと、それでも近年は内憂外患の環境のなかで、私たち日本人が急激に「日本が好き」と言える環境が整い始めていることを第一章で論じてきた。

では、なぜ日本人はそこまで自分の国のことを「好き」と言えなくなっていたのだろう。というより、なぜ国を憎まなくてはいけないような社会になってしまったのだろう。世界の常識によれば、人は祖国を愛するものである。祖国を愛せないばかりか、「好き」と言うことすらできない国は、何かがおかしいに違いない。

日本人が自虐的である原因は敗戦にあるのではないか。占領軍が真っ先に改革を断行したのが「報道」と「教育」だった。これらの分野では「War Guilt Information Program（日本人の潜在意識に戦争についての罪の意識を植え付ける宣伝計画）」（以下、WGIP）が実行されたのである。

第二章では、占領軍が占領目的を達成するために、どのように日本に精神的武装解除をさせたのか、その用意周到な手の内を検証していきたい。

昭和二十年（一九四五）八月十日、日本は「ポツダム宣言」を受諾する旨を連合国に通知して戦争が終結した。その後間もなく、米国はポツダム宣言の規定に従って、日本に進駐を開始し、連合国軍最高司令官総司令部（ＧＨＱ）を設置し、司令官としてダグラス・マッカーサー元帥を派遣した。このときから日本は六年八カ月に及ぶ占領を経験することになる。外国の軍の占領を受けるのは、わが国の歴史始まって以来のことだった。

では、**連合国が日本を占領した最終的な目的は何であったろう。それは、日本を精神的に武装解除させること。すなわち、日本人を精神的に骨抜きにすることである。**

日本にとっては痛いことに、占領軍が施したＷＧＩＰは実に見事に奏功してしまう。その結果、日本人が精神的に骨抜きにされたことは、日本人が日本のことを「好き」と言えなくなってしまった主要な原因の一つではなかろうか。連合国が対日占領政策をどのように策定してきたか、その経緯を見れば、それが一貫した考えに基づいていることがわかる。

まず、その原点は早くも、米国のルーズベルト大統領と英国のチャーチル首相が昭和十六年（一九四一）八月に発表した「英米共同宣言（大西洋憲章）」に見出すことができる。この会談が行なわれたときはまだ日米開戦の前で、米国は参戦していなかったが、憲章には大戦後の世界構想が書かれていて、本当に大戦後の世界秩序を規律することになる。

同憲章の第八項には、世界の国を米英のような「平和を愛好する国」と、ドイツやイタリア、そして日本のような「侵略の脅威を与え又は与うることあるべき国」に二分して、安全保障が確立されるまで、前者は後者の武装解除を実行すべきと書かれている。

米英がかつて好戦的に世界中に植民地を増やしてきたことは棚に上げ、日独伊に「ならず者国家」の烙印を押している点も大いに気になるが、世界秩序を守る国と乱す国に分類している段階で、すでにイデオロギー色が強く、かつ一方的に偏った内容になっている点は否めない。

元来戦争とは、戦う双方に大義があり、勝った国が外交上の主張を通せるという程度のものに過ぎない。いったん戦争が終われば、領土の割譲と賠償金の支払いによって戦後処理は済むのが通例で、日本も日清・日露両戦役をはじめ、薩英戦争と馬関戦争もそのように決着させてきた。

ところが連合国は、戦争の勝者は、領土と賠償のほか、敗者に懲罰を加えることを意図するようになる。そして、その後も大西洋憲章の考え方を発展させて、この姿勢を鮮明にしていく。世界の戦争史上、戦勝国が敗戦国に懲罰を与えるなど、これまでにあまりなかったことである。そして、日本はいちばんこの影響を受けることになる。

●昭和天皇はヒットラーの日本版？

敗戦国に懲罰を与えるという考えがさらにはっきり表れるのは、昭和十八年（一九四三）一月にモロッコのカサブランカで、ルーズベルト大統領がチャーチル首相と会談した「カサブランカ会談」において発した次の言葉である。

この戦争の最終目標は「邪悪な思想」を持つ「ドイツ、イタリア、日本の無条件降伏」であり、その「無条件降伏」とは「これら三国の人民の破砕を意味するものではなく、他国の征服と屈従に基礎を置く、これら三国の哲学そのものを破砕することである」という。

大西洋憲章に記された「侵略の脅威を与える国」の思想は、ここへきて「邪悪な思想」と断定されることになった。日本の超国家主義、つまり天皇を中心とし、神道を重んじる思想は、ドイツのナチス、イタリアのファシズムと同列に扱われることになったのだ。そして日本の「哲学の破砕」とは、すなわち、日本人を精神的に骨抜きにすることを意味する。

以前、私が大学生に昭和天皇のイメージを聞いたところ、「ヒットラーの日本版でしょ？」という答えが返ってきて卒倒しそうになったことを覚えている。この大学生の意識は「カサブランカ会談」のルーズベルト大統領の考えを踏襲したものであり、この考えが六十年以上経過してもなお、若者の意識のなかに入り込んでいるというのは、連合国がよほど巧みな情報操作をした証であり、現在でもその情報操作が継続していることを示していると思わないだろうか。

続けて「邪悪な思想」は、今度は**「野蛮なる敵国」**に言い換えられる。昭和十八年十一月に米英中による「三国共同宣言（カイロ宣言）」で、日本を名指しで「野蛮なる敵国」と表現して、「仮借なき弾圧を加ふるの決意を表明せり」「**日本国の侵略を制止しかつこれを罰するため**今次の戦争を為しつつあるものなり」と述べ、日本国を「罰する」という言葉が明確に用いられた。そして、日本を「無条件降伏」に持ち込む決意が書き込まれている。戦勝国が敗戦国を「罰する」という思想が、人類の戦争史上、初めて成立した瞬間である。

これにより、第二次世界大戦では、「平和愛好国vs.好戦国」「神聖な思想vs.邪悪な思想」「崇高なる国vs.野蛮なる国」という構造ができあがった。

ところが、よく考えてほしい。米英中は、日本が満洲やハワイなどに攻め込んだことを「侵略」「邪悪」「野蛮」と罵りつつも、英国がインドとビルマ（現ミャンマー）とマレーシアを、フランスがベトナムとカンボジアを、スペインがフィリピンを、オランダがインドネシアと台湾を植民地にしたこと、また米国がネイティブ・アメリカンを迫害して虐殺してきたことなどは「平和を愛好する国」（大西洋憲章）の行動であるとでもいうのだろうか。またそれが「邪悪な思想」（カサブランカ会談）や「野蛮なる国」（カイロ宣言）には当たらないのか。連合国がいかに身勝手な価値観で世界の国を仕分けしているかがわかる。

案の定、**連合国はこのような指摘を恐れていて、戦争犯罪を語るとき、決して満洲事変以前について語ろうとはしない。**もし満洲事変以前を考えたなら、欧米列強はことごとく「侵略」「邪悪」「野蛮」に分類されることになるからだ。

その後、日米戦争が最終局面に近づいた昭和十九年（一九四四）五月九日、米国の戦後計画委員会は「日本・軍国主義の廃絶と民主化過程の強化」を発表した。これは米国国務省が戦後の対日方針をまとめたもので、占領政策の目標を**「軍国主義の廃絶」**と明記し、その具体的な方法として「超国家主義」を排除して、「民主主義制度」を日本の政治形態にすることとしている。「超国家主義」とは、天皇を中心とする世の中のことを意味し、民主化政策を進めることで、「軍国主義の廃絶」の目標が担保されると考えていた。

そして、いよいよ日本が「ポツダム宣言」を受諾して戦争を終結させると、米国政府は昭和二十年（一九四五）九月二十二日に「降伏後の初期の対日方針」を発表した。このなかで「米国の究極の目的」の筆頭に、**「日本国が再びアメリカの脅威となり、または世界の平和お**

よび安全の脅威とならざることを確実にすること」と掲げ、非軍事化と民主化を目標とする旨が記されている。

ところで、米国がいう「民主化」とは、「精神的武装解除」を意味している。そのことは、昭和二十年九月四日付『朝日新聞』に掲載されたワシントン二日発のバーンズ国務長官の声明からも読み取れる。

「日本の物的武装解除は目下進捗中であり、われわれはやがて日本の海陸空三軍の払拭と軍事資材、施設の破壊と戦争産業の除去乃至破壊とにより日本の戦争能力を完全に撃滅することが出来るだろう。日本国民に戦争でなく平和を希望させようとする第二段階の日本国民の『精神的武装解除』はある点で物的武装解除より一層困難である。精神的武装解除は銃剣の行使や命令の通達によって行われるものではなく、過去において真理を閉ざしていた圧迫的な法律や政策の如き一切の障碍（しょうがい）を除去して日本に民主主義の自由な発達を養成することにある。（中略）連合国はかくして出現した日本政府が世界の平和と安全に貢献するか否かを認定する裁判官の役目をつとめるのだ。われわれは言葉でなく実際の行動によってこの日本政府を判断するのだ」

米国は日本をまず物的に武装解除させ、のちに精神的に武装解除させることで「軍国主義の廃絶」が完成し、日本の脅威が完全に取り除かれると考え、これを実行したことがわかる。

マッカーサー元帥が書き残した感動

ＧＨＱが占領統治を始めると、米国内では以前から意見の対立があった天皇の処遇をめぐって激論が戦わされた。この議論の行方は、皇室を廃止し政府と議会を解体して直接統治を行なうか、もしくは、皇室・政府・議会を存続させて間接統治を行なうか、日本の統治のかたちそのものを決める議論だった。

当初、米国政府は直接統治を目論(もくろ)んでいた。また、米国民も同様で、昭和二十年六月二十九日付の『ワシントン・ポスト（The Washington Post）』が掲載したギャラップ社の調査によると、天皇の処遇について米国民の三三％が「処刑」、一七％が「（戦争犯罪を）裁判所に認めさせる」、一一％が「終身禁錮」、九％が「流刑」を支持していた。

マッカーサー元帥の判断に大きな影響を与えたのは、なんといっても昭和天皇と対面を果たしたときの衝撃だったと思われる。昭和天皇が初めて米国大使館にマッカーサー元帥を御訪問になったのは九月二十七日の午前中のことだった。このとき昭和天皇と元帥がどのような会話を交わしたか、いまだ公式な発表はないが、元帥の著した『マッカーサー回想記』（朝日新聞社）や、関係者の手記などからその一端を知ることができる。

元帥は当初、天皇は戦争犯罪者として起訴されないよう、命乞いをしに来るのではないかと考えていたようだ。しかし、元帥の回想によると昭和天皇は、政治と軍事の両面での全ての決定と行動に対する全責任は自分にあると御話しになったという。元帥はこれに感動し、次のように記している。

「死をともなうほどの責任、それも私の知り尽している諸事実に照らして、明らかに天皇に帰すべきではない責任を引受けようとする、この勇気に満ちた態度は、私を骨のズイまでもゆり動かした。私はその瞬間、私の前にいる天皇が、個人の資格においても日本の最上の紳士であることを感じとった」（『マッカーサー回想記』）

また、マッカーサーの副官で、専任の通訳だったフォービアン・パワーズは、御引見の直後に元帥から聞いたとして、御引見時の昭和天皇の御言葉を次のように伝えている。

「すべての事は私の名のもとになされたから私が全責任をとる。だから、東郷や東條や重光らを罰さずに、私を罰せよ」（小堀桂一郎『昭和天皇』PHP新書）

また、当時、侍従長を務め、御会見の準備に当たり、米国大使館まで同伴した藤田尚徳は、備忘録に昭和天皇の御言葉について次のように書き残している。

「敗戦に至った戦争の、いろいろの責任が追及されているが、責任はすべて私にある。文武百官は、私の任命するところだから、彼らに責任はない。私の一身は、どうなろうと構わない。私はあなたにお委せする。このうえは、どうか国民が生活に困らぬよう、連合国の援助をお願いしたい」（藤田尚徳『侍従長の回想』講談社）

そして、昭和天皇に随伴した通訳・奥村勝蔵も、天皇の御言葉を書き留めている。

「今回の戦争の責任は全く自分にあるものであるから、自分に対してどのような処置をとられても異存はない。次に戦争の結果現在国民は飢餓に瀕している。このままでは罪のない国民に多数の餓死者が出るおそれがあるから、米国に是非食料援助をお願いしたい。ここに皇室財産の有価証券をまとめて持参したので、その費用の一部にあてて頂ければ仕合(しあわ)せである」（前掲『昭和天皇』）

昭和天皇はこのようにおっしゃると、大きな風呂敷包を差し出した。このとき元帥は、立ち上がって昭和天皇のところに行き、握手をして「私は初めて神の如き帝王を見た」と述べたという。また、マッカーサーの返答についても次のように記録されている。

「かつて、戦い敗れた国の元首で、このような言葉を述べられたことは、世界の歴史にも前例のないことと思う。私は陛下に感謝申したい。占領軍の進駐が事なく終ったのも、日本軍の復員が順調に進行しているのも、これ総て陛下のお力添えである。これからの占領政策の遂行にも、陛下のお力を乞わねばならぬことは多い。どうか、よろしくお願い致したい」（前掲『侍従長の回想』）

天皇の存続を決定した元帥の極秘電報

マッカーサー元帥は、昭和天皇との御引見を経て、皇室を存続させることを強く意識するようになったと考えられている。GHQに宛てられた夥しい直訴状のうち、天皇に関するものは、ほとんどが皇室の存続を希望する意見が書かれていたことも関係したかもしれない。

また、マッカーサーの軍事秘書官ボナー・フェラーズが昭和二十年十月一日の元帥宛てのメモで「天皇を戦争犯罪人として取り扱うことは不敬であるのみならず、精神的自由の否定」となり、「政府機構は崩壊し、暴動は避けられないであろう」と伝えたことも、あるいは少なからず影響していると思われる。

運命の御引見からわずか四カ月後の昭和二十一年一月二十五日、マッカーサー元帥は本国の陸軍省宛てに次の極秘電報を打った。この電報により、天皇の存続が決定されることになる。長文だが、特に重要な文書なので、該当箇所を引用する。

「天皇を告発すれば、日本国民の間に想像もつかないほどの動揺が引き起こされるだろう。その結果もたらされる事態を鎮めるのは不可能である。天皇を葬れば、日本国家は分解す

る。連合国が天皇を裁判にかければ、日本国民の憎悪と憤激は、間違いなく未来永劫に続くであろう。**復讐の為の復讐は、天皇を裁判にかけることで誘発され、もしそのような事態になれば、その悪循環は何世紀にもわたって途切れることなく続く恐れがある。**政府の諸機構は崩壊し、文化活動は停止し、混沌無秩序はさらに悪化し、山岳地域や地方でゲリラ戦が発生する。私の考えるところ、近代的な民主主義を導入するという希望は悉く（ことごと）消え去り、引き裂かれた国民の中から共産主義路線に沿った強固な政府が生まれるだろう。**そのような事態が勃発した場合、最低百万人の軍隊が必要であり、軍隊は永久的に駐留し続けなければならない。**さらに行政を遂行するためには、公務員を日本に送り込まなければならない。その人員だけでも数十万人にのぼることだろう。天皇が戦犯として裁かれるかどうかは、極めて高度の政策決定に属し、私が勧告することは適切ではないと思う」(Jan 25, 1946 CA57235-MacArthur to WARCOS-JCS)

天皇を葬れば、何世紀にもわたって復讐の戦争が続き、最低百万人の軍隊を永久的に駐留し続けなければならないという元帥の指摘は、日本人として静かに深く胸に刻んでおきたい言葉ではなかろうか。

米陸軍省はこの電報を受け取ると、直ちに国務省との会議を開き、天皇を訴追しないことを決定した。

かくして皇室は存続することになり、間接統治が施されることに決まったが、だからといって連合国の占領の目的が変更されるわけではない。先述のとおり、連合国は、日本の「軍国主義の廃絶」を完成させ、日本の脅威が完全に取り除かれることを終局的な占領の目標とし、そのために非軍事化（物的武装解除）と民主化（精神的武装解除）を実現させる必要、すなわち、日本人を骨抜きにしなくてはならない状況は何も変わっていないのだ。

ではなぜ連合国、主に米国はそこまでして日本の脅威を取り除く必要があったのだろう。それは、米国人が極度に日本人を恐れていたからにほかならない。戦争に勝って占領までしている以上、日本人が二度と武器を持って立ち上がり、戦争を始めることがないようにする必要があった。そのためには、徹底的に改革をして、日本を完全に非軍事化させ、また日本人を精神的に骨抜きにしなければならなかった。

玉砕と特攻隊は理解不能の戦法だった

米国人が恐れたのは、日本人の戦いぶりである。米国の兵隊は、全員死んだとしても自分だけは生還する、と全員が思っていた。それに対して日本の兵隊は、全員生還したとしても自分だけは立派に死ぬ、と全員が思っていた。この二つの集団が戦争をしたらどうなるか、想像に難くない。先の集団はノイローゼになるだろう。

日本人の戦い方は武士の切腹に似ている。陸上戦で武器弾薬が尽きたら、白旗を揚げて投降すれば、国際法により命は保証されることになっている。投降して捕虜になっても、その日から食事が与えられ、終戦後には安全に本国に帰されるのだから、戦えなくなってなお投降しないという選択肢などあるはずもない。

ところが日本の兵隊は、武器弾薬が尽きたら抜刀突撃を敢行するのだから、米兵たちは大きな衝撃を受けたに違いない。日本人は、最後に捨て身となって突撃して部隊が全滅することを「玉砕」と称して称えた。

硫黄島の戦いは先の大戦を代表する激戦の一つに数えられる。島を守る日本の守備隊は約二万人で、そのうちのほとんどが戦死あるいは戦闘中に行方不明になった。生還したのはわずか数パーセントに過ぎなかったという。

それに対して、米軍は戦死六八二一人、戦傷二万一八六五人、計二万八六八六人の損害を受けた。この戦いで米軍は日本軍を壊滅させたにもかかわらず、日本を上回る死傷者を出した。殲滅戦の勝者がより多くの死傷者を出した戦いは、人類の戦争史上、異例である。

当初、米軍は「硫黄島は五日で落ちる」と読んでいたが、実際には上陸作戦が開始された昭和二十年二月十九日から、三月二十六日に栗林忠道中将が最後の反攻を敢行するまで、実に一カ月以上を費やすことになった。沖縄戦でも同様で、米軍は予想していた以上の損耗を生じさせ、予想していた以上の時間を要している。

米国兵は「日本人は狂っている」と思っていたに違いない。キリスト教において自殺は禁じられているため、戦場で自殺攻撃をする行為自体が、米兵のまったく理解の及ばないことだった。理解不能な攻撃を受けてノイローゼになって帰還させられた兵士も多かったという。狂っている人は何をするかわからないので、狂っている人とやり合うはどやりにくいことはない。米国の首脳が、二度とこのような人たちと戦争をすることを望まないと考えたとしても無理はなかろう。

そして、玉砕の延長線上に考えられたのが「特別攻撃隊」だった。二五〇キロ爆弾を抱かせた飛行機を片道燃料で飛ばし、生きたパイロットごと敵艦に突入する戦法は、米国人を唖然とさせた。世界の人類の戦争史上、かかる作戦を採ったのは、大戦時の日本軍を除いて例はない。

実際に与えた損害もさることながら、米兵に与えた精神的打撃には大きなものがあったとされる。戦場の兵士が母国に手紙を送る際に、特攻について記述することを禁止し、検閲を施すなど、米軍が特攻隊に関して言論を封じたことからも打撃の大きさが想像できる。本国に知れ渡ると、不安が蔓延して兵士の戦意喪失を招くと考えられていた。実際に迎え撃つ米兵たちの多くは、涙を流しながら撃っていたとも伝えられる。

そして、日本人のこの理解不能な戦い方に対しては、敬意さえ払われたのだった。「私は、祖国と家族を想う一念から恐怖も生への執着も全て乗り越えて、いさぎよく敵艦に体当たりした特別攻撃隊員の精神と行為のなかに、男の崇高な美学を見るのである」と語ったのは、フランスの作家でのちに文化大臣となったアンドレ・マルローだった。また、米軍の兵士のなかにも、マルコム・マックガバン海軍大尉のように「われわれの空母の飛行甲板を貫いたこの男は、私より立派だ。私には、とうていこのようなことはできない」と言って特攻隊員に敬意を表した者もいた。

米軍はどうしたら特攻が行なえるのかという研究もしている。ところが、米国では実行不能というのがその研究成果だったようだ。米国で同様の志願を募っても、全米で一人も応募しないと考えられているので、まさか日本では応募多数で選抜まで行なわれていたとは想像もできなかったろう。薬物を打って意識を朦朧とさせ、手を鎖で操縦桿に縛り付けているのではないかなどと、本気で分析していたのである。

戦後の日本人は「ゆでガエル症候群」

日本人の戦い方がそのようなものであったがゆえに、米国政府の首脳は「日本人を怒らせるといったい何をするかわからない」というような意識を共有していた。日本が「ポツダム宣言」を受諾するに当たり、日本に発する文書を起案するとき、米首脳が日本人のプライドを傷つけないように、そして日本人を怒らせないように細心の注意を払った形跡が、戦後公表された資料の随所に残されている。

その意味において、特攻隊員たちは出撃したことで夢を叶えた人たちではなかったろうか。彼らは特攻で日本が勝利に導かれるとは思っていなかった。日本は戦争に負けると確信するからこそ、敗れる前に敵に最後の意地を見せつけることで、少しでも良い負け方をして、日本を残そうと思ったのではあるまいか。

このような日本人の戦い方は、米軍の指揮官にとって理解不能なものだったはずだが、マッカーサー元帥は昭和天皇と対面することで、なぜ日本人が玉砕し、また特攻に身を投じてまで国を守ろうとしたのか、その意味を理解したのではないかと思う。先述のとおり、天皇の処刑や皇室の廃止などにより、ＧＨＱが瞬時に日本の精神的武装解除を実行すれば、日本人は「窮鼠猫を嚙む」の諺が示すように、本当に一億人が竹槍を持って立ち上がるのではないかと信じられたのである。

そこで元帥は、軍や財閥を解体するといった物的武装解除は速やかに完成させつつも、精神的武装解除には長い時間をかけてじっくりと取り組む方針を立てた。これは、日本人に「百年殺しの刑」を科したようなものである。

私は、戦後の日本人のことを「ゆでガエル症候群」と呼んでいる。聞くところによると、生きたカエルをゆでようとして熱い鍋に入れても、カエルは熱くてすぐに飛び出してしまうのだそうな。まだぬるいうちにカエルを入れて、とろ火でゆっくり加熱すると、カエルは温度が上がっていることに気付かず、やがてゆであがるという。

日本人を精神的に骨抜きにする作業も、急激に施されたら不満が一気に噴出するが、真綿で少しずつ締め上げるように、百年かけてじわじわと骨抜きにされたら、日本人は皆、ゆでガエルになってしまう。しかも、ゆでられていることにすら気付かないだろう。

そこで、ＧＨＱが日本人を長い時間をかけて精神的に骨抜きにするために取った措置がＷ

GIPだった。

WGIPの考え方は早くも昭和二十年十月二日付一般命令第四号に表れている。「各層の日本人に、彼らの敗北と戦争に関する罪、現在および将来の日本の苦難と窮乏に対する軍国主義者の責任、連合国の軍事占領の理由と目的を、周知徹底せしめること」をGHQが日本政府に勧告している。

また、昭和二十年十二月二十一日付GHQ民間情報教育局（CIE）のカーミット・R・ダイク局長のメモに、WGIPの目的は、①東京裁判の必要性・正当性を周知させること、②軍国主義を許容し、もしくは積極的に支持した国民にもその責任があることを知らしめること、③そのうえで、侵略戦争を行なった日本国民に戦争を起こした罪の意識を植え付けること、と書かれている。

軍国主義者を徹底的に悪者に仕立て上げることにより、日本の一般国民はその被害者であるという構造を作り出した。これは、あの戦争は軍国主義者と国民の戦いだったかのような幻想を抱かせることを意図していた、と考えられる。そしてそのことは、元来米国は日本の敵国だったにもかかわらず、米国には責任がないかのような印象を持たせるという効果があった。

この情報戦略は見事に成功を収めてきた。米国は日本中の都市という都市を焼き払い、広島と長崎に二発の原子爆弾を投下して、夥しい数の日本人を殺戮しているにもかかわらず、実際のところ、戦後の日本人は米国に憎しみを抱いていないのだ。これはWGIPが奏功した結果以外の何物でもない。問題をすり替えるのに成功したことで、米国は日本の都市への空爆や原爆投下などの明らかな無差別殺人を犯していながらも、日本から誹りを受けずにきたのである。

誇りを踏みにじる新聞の連載記事

では、WGIPは実際にどのように実行されたのだろうか。その具体的な宣伝計画の内容をメディア毎に点検していきたい。

GHQは各種媒体のなかでも、当時最も影響力の強かった「新聞」を積極的に活用した。最初に特筆すべきは、全国紙各紙に昭和二十年十二月八日から十日間にわたって連載させた「太平洋戦争史」である。この記事はGHQのCIE企画課長の任にあったブラッドフォード・スミスが執筆したもので、南京とマニラにおける日本軍の残虐行為をことさらに宣伝する内容だった。

日本は先の大戦を、閣議決定を経て「大東亜戦争」と称してきたが、この作品では「太平洋戦争」なる用語が用いられた。これが「太平洋戦争」の語が用いられた初例である。作品中では満洲事変からポツダム宣言の受諾までの戦争を「太平洋戦争」としている。

そして、この作品連載中の十二月十五日に「神道指令」が出され、「大東亜戦争」の語を公文書で使用することが禁止された。以降、教科書でも先の大戦は「太平洋戦争」と表記するようになり、現在に至る。

日本には戦争の大義があって、「大東亜戦争」という言葉に意味を持たせていたが、その使用が禁止されたということは、満洲事変から終戦までの日本の行ないが全否定されたことを意味する。日本の価値観が否定され、代わりに連合国の価値観が押し付けられたことでもあって、まさにそれが、日本人に戦争について罪の意識を植え付けるWGIPの目的だった。

また「太平洋戦争史」は、南京大虐殺なるものが語られた初例でもある。この記事を信じてしまった人は、尊敬していた日本軍が蛮行を働いていたことを知り、日本人としての誇りを踏みにじられたのだった。米国は都市への大規模な空襲を行ない、また原子爆弾を使用しているため、それらの残虐な行為が国際的に批判されることを恐れていたと思われる。

GHQは、日本軍がこのような残虐極まる行為を繰り返していたとすることで、日本人に

「ならば原爆を落とされても仕方ない」と思わせるだけでなく、米国に向けられる国際的な非難をかわす意図があったのではないか。その他にも、日本軍の残虐な行為を暴露するシリーズが別に掲載されている。

なぜこの記事を多くの人が信じたか。この記事は新聞社が自主的に報道した外形が装われていたため、まさかＧＨＱが新聞各社に強制的に掲載させていたなど、およそ民間人は知るよしもなかった。「これから次々と真実が明らかになる」というような前振りだったこともあり、多くの人が「そこには真実が書かれている」と勘違いしたのである。「太平洋戦争史」だけでも、日本人に贖罪意識を持たせる大きな効果があった。

ところで、占領下の日本に報道の自由はなかった。昭和二十年九月十九日に発令された「日本に与うる新聞遵則」（プレスコード）に従って、あらゆる媒体はＧＨＱの監視下に置かれ、報道内容には厳しい検閲が施された。もし検閲にひっかかって出版停止処分にでもなれば損失が生じるため、各媒体は自主規制を課してＧＨＱの意向に沿う報道だけを扱うようになった。

ＧＨＱが内部資料として使用していた検閲の基準「削除と発行禁止のカテゴリーに関する解説」によれば、たとえば、次に列挙した内容が含まれた記事は、発行禁止とされた。

検閲の基準として用いられた「削除と発行禁止のカテゴリーに関する解説」(GHQ内部資料)

1	SCAP(連合国軍最高司令官もしくは総司令部)に対する批判	14	第三次世界大戦への言及
2	極東国際軍事裁判批判	15	冷戦に関する言及
3	GHQが日本国憲法を起草したことに対する批判	16	戦争擁護の宣伝
4	検閲制度への言及	17	神国日本の宣伝
5	アメリカ合衆国への批判	18	軍国主義の宣伝
6	ロシア(ソ連邦)への批判	19	ナショナリズムの宣伝
7	英国への批判	20	大東亜共栄圏の宣伝
8	朝鮮人への批判	21	その他の宣伝
9	中国への批判	22	戦争犯罪人の正当化および擁護
10	その他の連合国への批判	23	占領軍兵士と日本女性との交渉
11	連合国一般への批判(国を特定しなくとも)	24	闇市の状況
12	満洲における日本人取り扱いについての批判	25	占領軍軍隊に対する批判
13	連合国の戦前の政策に対する批判	26	飢餓の誇張
		27	暴力と不穏の行動の煽動
		28	虚偽の報道
		29	GHQまたは地方軍政部に対する不適切な言及
		30	解禁されていない報道の公表

出所:アメリカ国立公文書館分室 資料番号RG331,Box No.8568
A Brief Explanation of the Categories of Deletions and Suppressions,dated 25 November,1946

連合国軍最高司令官・GHQ・東京裁判・連合国各国・朝鮮人・占領軍軍隊などへの批判、そしてGHQが日本国憲法を起草したことなどへの批判は全て不許可とされたほか、検閲制度・第三次世界大戦・冷戦・闇市の状況などへの言及、そして神国日本・軍国主義・大東亜共栄圏・戦争擁護・ナショナリズムなどを宣伝することなども不許可とされた。また、解禁されていない報道を公表することも禁止された。そして、この検閲は、出版物・ラジオ・映画のみならず、一般の郵便や、民間の電話にも及んだのだった。

巧妙に実行された宣伝計画

当時はまだテレビがなかった時代で、ラジオは有力な媒体の一つだった。ＮＨＫが昭和二十年十二月九日から十週連続で放送したラジオ・シリーズ「真相はこうだ」は、大本営発表は嘘ばかりだったこと、ポツダム宣言は寛大なものであること、原爆は日本がポツダム宣言受諾の可否を回答しなかったから投下されたこと、捕虜になった日本兵は待遇の良さを喜んでいること、日本国民はこれまでの過ちを反省しなければならないといった内容を次々に放送していった。

ところがこの番組は、ＮＨＫが自主的に放送しているかのような体裁を整えているも、実はＧＨＱのＣＩＥラジオ課が企画・制作を担当したものだった。この番組の目的は「日本を破滅と敗北に導いた軍国主義者のリーダーの犯罪と責任を日本の聴取者の心に刻ませる」ためとＧＨＱの資料に記録されている。そして、この番組はＧＨＱが強制的に放送させているということも、厳しい検閲によって隠された。

雑誌でも同様に、ＧＨＱの奨励の下、南京をはじめとする日本軍の虐殺が強調される特集記事が組まれた。

また、ＣＩＥが後援するかたちで、数々の映画が制作された。理研制作の記録映画と、日映制作のニュース映画は、戦争に導いた陰謀や日本軍の蛮行を紹介する内容で、いずれも昭和二十一年（一九四六）五月十六日に公開されている。二つの作品は計約一八〇万人を動員した。その他にも、ＣＩＥの指導により制作された九本の長編映画が計約三〇〇〇万人の観客を動員している。内容はいずれも戦争の罪の意識を植え付けるもので、戦争犯罪をテーマとするものが多かった。

東京裁判が始まると、ＣＩＥは新聞の統制を強め、新聞社の幹部や記者を教育し、定期的な会議などが開催されるようになり、編集者との連携を強化して、戦争は悪であることを宣伝させた。そして、東京裁判の期間中は、ＧＨＱが意図するとおりに検察側の主張と、検察側証人の証言などが連日、紙面に掲載された。

ラジオは、ＮＨＫが日曜日以外は毎日二十分間、戦争裁判報道番組を組んで、裁判の進行や関連する情報を放送したほか、毎週土曜日の夜には「戦争裁判要約」を放送した。これらも全てＣＩＥの指導に基づいて制作されたものだが、その気配は巧みに消されていた。

ＣＩＥは東京裁判が始まると、世論の動向を踏まえて、次の三点を浸透させる必要があるとし、さらなる宣伝計画を立案していく。その三点とは、原爆の投下は正当であり残虐な行為ではないこと、日本の侵略は世界に迷惑をかけたこと、占領中の民主的な進展は将来否定されてはいけないこと、である。そして迎える東京裁判の最終判決においては、CIEは裁判報道のために周到な準備をしていた。最終判決は、日本の犯罪を永久に刻むものだからである。

最終判決を効果的に国民に伝えるためには、その都度、新聞に簡潔で正確な要約文が掲載される必要があり、そのためにGHQは、法律家と日本人翻訳家を手配して、事前に極東国際軍事裁判所に送り込んでいた。その翻訳要員は裁判長の指導を受けて、判決の要約を英語と日本語で事前に用意し、各媒体に配布していた。

GHQは、このようにあらゆる媒体を通じて、巧みに宣伝計画を実行していった。それにより、日本の軍国主義と超国家主義を排除し、日本の伝統文化を否定し、日本人に戦争について罪の意識を植え付け、日本人を精神的に骨抜きにすることに成功した。

「大西洋憲章」と「カサブランカ会談」の示した戦勝国が敗戦国に懲罰を加えるという方針は、予定どおり粛々(しゆくしゆく)と進められた。連合国は「野蛮な敵国」の「邪悪な思想」を否定し、その哲学を破砕してみせたのだった。

ところが、日本の軍国主義が否定されたことで、国を愛することが危険思想であるかのような誤った認識が広まってしまったことは、その後、日本を長く苦しめることになる。**日本人が愛国心を持たなくなったのは、ＷＧＩＰが原因だったのだ。日本人が日本のことを「好き」と言えなくなったのはこのときからだった。**そして、一度作られた空気は、簡単には変えることができない。かくして、占領下にＧＨＱによって創造された「東京裁判史観」に支配された日本が、今日まで続いてきたのである。

第三章

「戦後教育マニュアル」の正体

痛恨の一撃だったGHQの政策

日本を占領するGHQが、日本人を精神的に骨抜きにするために講じた措置は、言論統制だけではなかった。彼らが容赦なく学校教育に介入してきたことは、あるいは一般の言論統制よりも深刻だったかもしれない。教育は国の足腰そのもので、日本人に戦争を始めたことの罪の意識を植え付けるWGIPが学童にまで及んだことは、いまだに大きな影響を残している。

教育を改善しても、その効果が表れるのは数十年後であるのと同じく、GHQの施した教育改革の影響は、二十〜三十年経過して徐々に表れ、いまや現代日本の社会に確実に根を下ろしているといえよう。実行してもすぐにではなく、数十年後に確実に効果が表れるというのは、まさに「百年殺しの刑」というように相応しい。GHQの教育改革では、歴史と神話が封印された。この政策はわが国にとって痛恨の一撃だった。急所を突かれたと言わねばならない。

ここで同一民族の条件について考えてほしい。どのような条件が揃えば、同じ民族といえるだろうか。日本国籍を持つ日本人であれば誰でも「私たち日本人」という話が通じるわけではない。近年はスパイ活動をするために日本国籍を取得する中国人も多いと聞く。そのような日本国籍保持者と、同一民族の語らいができるはずはない。

他方、南米には国籍や目の色は異なるも、民族の語らいができる日系人たちがいる。彼らとは、言語や国籍が異なっても、日本人同士の語らいができる。なぜなら、日系人とは歴史と神話を共有しているからである。**同一民族の条件は「歴史と神話を共有すること」**にほかならない。ゆえに、世界のどの国でも、歴史と神話を懇切丁寧に教えるのである。

GHQが日本の学校教育において、歴史と神話を封印したことは、やがては日本人の民族性を失わせ、日本人同士の民族的なつながりを断ち切ることになる。日本人が民族の誇りを失い、国家に感謝する心を失い、そして国を愛する心をも失ってしまったのは、教育が捩じ曲げられたことに起因しているといえる。

終戦直後の日本では、軍需生産や食糧生産などに駆り出された子どもが多く、特に都市の子どもの大半は疎開していたため、学校教育はほとんど機能していなかった。終戦を迎えると、文部省（当時）は八月十六日には学徒動員の解除を通達し、その後、九月中旬までには授業を再開することや、疎開した学童を速やかに復帰させるべきことなどを通達し、教育の戦時体制を平時に戻すための措置を講じていた。ところが、十月になるとGHQが日本の教育改革に直接乗り出すことになる。ではＧＨＱはどのように日本の教育に介入したのか、次にその決定的な第一歩を紹介したい。

教育に関する四つの指令

昭和二十年十月から十二月にかけて、ＧＨＱは教育に関する四つの指令を出した。当時、日本は連合国の占領下にあって、国家の統治権はＧＨＱの下に置かれていた。連合国軍最高司令官は、日本の軍国主義と国家主義を取り除くために、終戦連絡中央事務局を通じて日本政府に数々の指令を出した。ところで、終戦連絡中央事務局とは、大戦終結に伴いＧＨＱとの折衝を担当する機関として設置された日本の政府機関をいう。

これらの指令は、正式には、連合国軍最高司令官総司令部訓令（ＳＣＡＰＩＮ＝Supreme Command for Allied Powers Instruction Note）と呼ばれ、法律と同等の法的拘束力を持ち、その範囲は多岐にわたった。政府はその訓令を受けて、必要に応じて法令を整備し、全国でこれを実行する責任を負っていた。そして、ＧＨＱは地方軍政機構を通じて訓令の実施状況を厳しく監視していたのである。

占領初期に出された教育に関する四つの指令は、日本の教育を大変革させることになる。

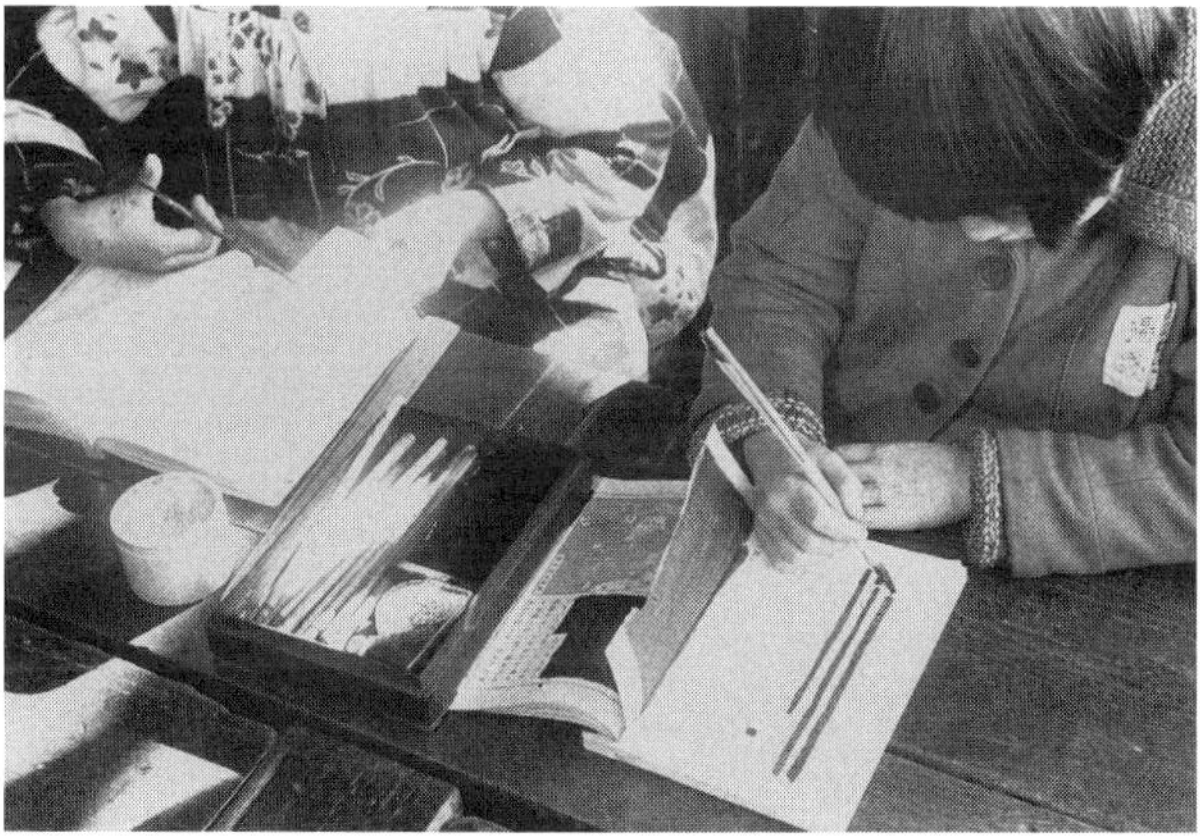

1945年12月、教科書の削除箇所を墨で塗りつぶしたり、ハサミで切り取ったりする国民学校の児童たち（写真提供：朝日新聞社・PANA）

その第一が、十月二十二日付「日本教育制度の管理」に関する指令で、まず軍国主義と国家主義的思想の普及が禁止され、戦争協力者や危険思想を持つ教員が罷免されることになったほか、学校における軍事教育と軍事教練が廃止された。そして教科書については、軍国主義・国家主義的な部分を削除すること、そして平和的な教材を速やかに用意することが命ぜられた。

なかでも教員の罷免は教育現場を震撼させたが、教師の粛清を実施するために、GHQは続けて第二の指令を出した。それが十月三十日付「教員及び教育関係官の調査、除外、認可」に関する指令で、軍国主義・過激な国家主義的思想を持つと知られている者、連合国の日本占領の目的と政策に反対の意見を持つと知られている者を直ちに辞めさせ、今後日本の教育現場のいかなる職にも就かせてはいけないというものだった。この指令により、まさに魔女狩りのような思想調査と追放が始まった。

文部省はＧＨＱに追放計画を提出するも、不十分と一蹴され、三回目にようやく計画が承認された。文部省は最初甘く考えていたのかもしれない。結局、文部省は満洲事変まで遡って、教師一人ひとりについて、これまでの講義や発表された論文などを精査し、帝国政府の政策を支えた者かどうかを調べ上げた。この思想審査が始まる前に、一一万人以上の教師と教育職員が自らの意思で辞職し、審査の対象とされた九四万人のうち、三一五一人が「不適格」とされ、教育現場から追放された。

そして第三が、十二月十五日に発せられた「国家神道、神社神道に対する政府の保証、支援、保全、監督並びに弘布の廃止」に関する指令で、国家神道の思想が軍国主義を鼓舞し、日本国民を戦争に誘導するために利用されたという見地から、政府が神道を保護・支援することを禁じ、神道による教育を学校から排除するように命じた。

そのころ、ＧＨＱのＣＩＥが日本の教科書に関するＣＩＥ内部報告書をまとめ、ダイク局長がマッカーサー元帥に提出した。この報告書は、「修身」「国史」「地理」の教科書は非常に有害であることが判明したので、直ちに使用を停止すべきであると指摘し、指令を出して教科書を回収すべきとの見解を示した。しかも、教科書は教育現場だけでなく、個人の住宅からも回収すべきであると付け加えられていた。

この報告書が提出された直後に出されたのが、第四の指令である。十二月三十一日付「修身、日本歴史及び地理の停止」に関する指令は、「修身」「国史」「地理」の全ての授業を停止し、GHQの許可があるまで再開してはいけないというもの。三科目の教科書と教師用参考書を回収することと、新教科書の改訂案の提出を指示することも盛り込まれている。

この指令には、GHQが授業停止に踏み切った理由として、日本政府が軍国主義と国家主義の観念を教科書に執拗に書いて生徒に読ませ、教育を利用して生徒の頭脳に植え込んだからと明記している。教科書改訂の準備を進めていた文部省にとって、三科目の授業停止の指令は寝耳に水だった。

三科目のうち「国史」の授業再開がGHQに許可されるのには、昭和二十一年十月を待たねばならない。文部省はGHQの検閲を受けた新しい教科書を使った「国史」の授業を再開することができたが、新しい歴史の教科書は、従来のものとはかけ離れた内容で、もはや日本人が学ぶべき歴史といえるものではなかった。一方で、「修身」の授業に至っては、結局その後も再開が許されることはなかった。

このようにして、ＧＨＱは教科書に「有害危険図書」のレッテルを貼り付け、中身を徹底的に改変させることになった。このことが、ＷＧＩＰの核心の一つであり、日本人が日本のことを好きと言えなくなった元凶の一つはここにあると私は思う。

建国の経緯を教えられない現代日本人

占領期にＧＨＱが歴史の教科書を徹底的に改変したことは、現在の日本の歴史教育にも色濃く残されている。いや、「残されている」どころか、本質的には何も変わってはいない。平成の御代(みよ)に至っても、被占領下に敵国が一方的に押し付けた偏った歴史教科書を後生大事に使っているのであるから、この実態を当時のＧＨＱの担当者が知ったら、驚くに違いない。

そして、戦後の教科書には、日本人として最低限度知っておくべきことが書かれていないことは大きな問題であろう。その筆頭に挙げられるのが、**わが国の建国の経緯とその精神**である。米国の学生で祖国独立の経緯を知らない者はいないし、フランス革命を知らないフランスの学生や、毛沢東を知らない中華人民共和国の学生などいるはずもない。

また、米国の学生は祖国の建国の精神が「自由」であることを知っているし、同様にフランスは「平等」、そして中国は「マルクス・レーニン主義の実践」であることを若者たちは知っている。

世界のどの国でも自国の建国の経緯とその精神などは知っているものであり、それが世界の常識である。そして、なぜ知っているのかといえば、それは「教えている」からにほかならない。

他方、日本の若者で建国の経緯を知る者は皆無に近い。平成二十四年に行なわれた調査で、「わが国を建国したのは誰か」「わが国が建国されたのはいつか」の問いに答えられた高校生はわずか二％だったという結果がある（山本みずき「18歳の宣戦布告 国家観なき若者に告ぐ」『正論』平成二十五年五月号）。しかもその二％の生徒は大方、建国について知ったきっかけを家族から教えてもらったと答えている。この数字は、国際的に見て異常な低さと言わねばならない。

外国に留学した日本人が「日本は建国から何年目か」「最初の天皇の名前は」などと問われて答えられないと、怪訝（けげん）な顔をされる。そればかりか、建国を語れない若者は軽蔑の対象にすらなり、友達を失うことにもなりかねない。日本に生まれ育って日本の国の成り立ちを知らないなどということは、世界の人びとは信じない。

そして、日本人が建国を知らない原因は明らかである。それは「教えていない」からだ。普及している中学の歴史教科書では、最初に紹介される天皇は推古天皇であり、それ以前の天皇については記載がない。これでは子どもたちが最初の天皇を推古天皇だと思っても致し方あるまい。

中学生に聞くと、日本を建国した人物としていちばん多く名前が挙がるのが卑弥呼だが、それは教科書の最初に記載される個人名が卑弥呼であることによる。このように、日本の教科書は建国についてまったく記していない。そして、世界で教科書に建国の歴史を書いていないのは、おそらく日本だけだと思われる。その一点だけで、日本の教科書がどれだけ異常なものであるか知ることができよう。

明治天皇を紹介しない中学の教科書

ここで、日本の建国について簡潔に述べておきたい。朝廷が編纂（へんさん）した公式な歴史書である『日本書紀』によれば、わが国の建国は、紀元前六六〇年に神武天皇が橿原宮（かしはらのみや）に即位したことに遡る。そして、この見解は歴代の内閣が踏襲していて、日本は平成二十五年で建国から二千六百七十三年を迎えたことになる。

ところで『日本書紀』は神話であってフィクションに過ぎないという意見もある。たしかに『日本書紀』は神話から書き始められている。だが、考古学の発掘成果から検証しても、三世紀初頭に出現した最初の前方後円墳が当時の天皇の墓であることは疑う余地がない。なぜなら、四世紀には北は東北、南は南部九州まで前方後円墳が造られるようになり、それをもって大和朝廷が統一王権に発展したと見られるからである。

先述の初期の前方後円墳も九〇メートル級と、すでに巨大であることから、地方政権として誕生した大和朝廷の起源はさらに数百年遡ると考えるのが自然であり、三世紀初頭は約千八百年前に該当するため、そこから数百年遡れば、考古学の科学的見地から考えても「二千年かそれ以上」前に、大和朝廷が成立したと考えるのが合理的である。

とすると、日本建国は『日本書紀』の記述では「二千六百七十三年」前、また考古学の成果では「二千年かそれ以上」前であるから、両者の間には数百年程度の開きしかなく、『日本書紀』が記すことをあながち「空想の話」として切り捨てることはできない。

したがって、**わが国の建国を教科書に記すなら、正史『日本書紀』に書かれている建国の経緯を示し、それがある程度考古学で検証されていることを、具体例を挙げて示せばよかろう。**

大和朝廷が統一王権に成長した四世紀、当時の日本列島の様子を知ることができる文字史料は二点しか現存していない。百済の王が倭王に贈ったとされる三六九年の『七支刀』の銘文と、高句麗の好太王（広開土王）の功績を記した三九一年の『高句麗好太王碑』（中国吉林省）の碑文である。日本列島における四世紀は文字のない時代といっても差し支えない。

だが、その「文字のない時代」に大和朝廷が統一王権に発展したことは、前方後円墳の広がりからして明らかである。「文字のない時代」の出来事であるゆえに、文字による記録が乏しいのはむしろ当然のことであり、だからといって日本が建国しなかったことにはならない。

不明な点が多いのは確かだが、**二千年かそれ以上前に、大和朝廷が成立し、やがてその勢力が日本を統一したことは覆すことのできない歴史的事実である。**そして、日本の建国の精神は「和」であったことも日本人なら知っておくべきだろう。日本の建国については拙著『日本人はなぜ日本のことを知らないのか』（PHP新書）に詳細を記しているので、参照されたい。

その他、本来書くべきことが抜け落ちている事柄は枚挙に遑がない。たとえば近年の中学の歴史教科書の大半は、初代神武天皇を紹介していないのは想像がつくとしても、明治時代の項で明治天皇が紹介されない教科書が多い。明治天皇に一言も触れずに、明治時代のいったい何を教えようとしているのか、まったく不明である。

また、世界最古の磨製石器と世界最古級の土器が日本から出土していることは、多くの教科書に言及がない。さらには第二章で述べた、マッカーサー元帥の前で自らの命と引き換えに国民の命を守ろうとなさった昭和天皇の話なども書かれていない。その他、神武天皇から第一二五代の現在の天皇陛下に至るまで、仁徳天皇の竈(かまど)の煙の話や、国難に当たって国民の安全を祈り続けた亀山上皇の話など、美しい天皇と皇族の姿が語り継がれているが、やはり、どれ一つとて、教科書に紹介されることはないのである。

それどころか、読むだけで日本のことを嫌いになってしまうような事柄は、何の憚(はばか)りもなく教科書に書かれる。なかには歴史事実と認定されていないこと、たとえば南京大虐殺の三〇万人や、軍が関与して行なわれた従軍慰安婦なども書き込まれる始末である。

教育改革の決定打は「教科書検閲の基準」

戦争終結から長い年月を経ながらも、自虐に満ちた教科書がいまだに使われているが、その大本は「教育に関する四つの指令」が出された直後の昭和二十一年二月にGHQが発令した「教科書検閲の基準」にあると思われる。ＧＨＱは教育政策を特に重視し、躍起になって教科書を改変しようとした。その結果がこの基準だった。そして、同基準はＧＨＱの教育改革の決定打となったといってもよいだろう。

私は、戦後教育形成の研究の大家であられる高橋史朗先生から「教科書検閲の基準」のことを教えられたとき、戦慄を覚えたことを記憶している。現在の教科書が歪んでいることの原点を見た気がしたからだった。

ＧＨＱは次の五点を検閲対象として挙げ、教科書から徹底的にこれらを排除した。

①　天皇に関する用語（現御神（あきつみかみ）、現人神（あらひとがみ）、上御一人（かみごいちにん）、天津日嗣（あまつひつぎ）、大君（おおきみ）など）
②　国家的拡張に関する用語（八紘一宇（はっこういちう）、皇国の道、肇国（ちょうこく）の精神、天業恢弘（てんぎょうかいこう）など）
③　愛国心につながる用語（国体、国家、国民的、わが国など）
④　日本国の神話の起源や、楠木正成のような英雄および道義的人物としての皇族
⑤　神道や祭祀、神社に関する言及、等々

（高橋史朗『検証　戦後教育』広池学園出版部）

現代日本人が愛国心を失っていることは第一章に述べたが、国を興隆させることや国を愛することは、子どもたちに教えてはいけないこととされ、教科書に国家的拡張と愛国心につながる用語を使うことすら、厳禁とされていたことがわかる。

「わが国」という言葉の使用が禁止された点に注目してほしい。現代日本のテレビをはじめとする各種メディアで「わが国」の言葉は基本的に使われない。見聞きするのは「この国」ばかりである。私は「わが国」を使わない人が多いことに疑問を感じていたが、その疑問はこの検閲基準を見て解けた。まさかGHQがそこまで禁止していたとは、驚くばかりである。

「わが国」には帰属意識を感じるが、「この国」にはそれを感じない。何か第三者的な、客観的な印象を覚える。私が米国について言及するときに「この国」を使うように、外国人は日本のことを「この国」と表現するだろう。「自分は日本人である」という日本国への帰属意識や、日本人としての民族意識を薄めようとするGHQの意図が窺える。日本人はこのようにして長年にわたり、精神的に骨抜きにされてきたのだ。

そして次に挙げる点は、日本民族を滅亡に導く最も恐ろしいことと言わねばならない。それは検閲基準の④である。「日本国の神話の起源」と「道義的人物としての皇族」は教科書から徹底的に排除する対象とされた。これにより、日本の教科書から『古事記』『日本書紀』などの神話が駆逐され、また同時に、国民から尊敬される天皇と皇族の歴史も忘却の穴に捨てられてしまったのである。そして、この傾向は現在も続く。

先述したとおり、民族の同一性の条件は「歴史」と「神話」を共有することであり、日本の教育現場で歴史が封印され、神話が排除されることは、すなわち日本民族が民族としての同一性を失うことを意味している。日本人を精神的に骨抜きにするため、GHQが進めるWGIPは実に的確に、急所を突いてきたというべきだろう。

歴史と神話を封印すれば民族は滅びる

二十世紀を代表する歴史学者のアーノルド・トインビーは「十二、三歳までに、民族の神話を学ばなかった民族は、例外なく滅びている」と言い残している。神話を学ばない民族は滅びるのだ。大戦終結後に日本神話を子どもたちに教えなくなってしまったのであるから、トインビーの言葉によれば、日本民族は滅亡に向かって衰退傾向にあることになる。その結果が愛国心のない国民に帰結することになる。日本に神話教育を禁止した連合国は、米国も英国も、自国では神話教育と宗教教育に力を入れていることを付言しておきたい。

さて、「道義的人物としての皇族」にもいま一度注目してほしい。これが禁止されるということは、天皇や皇族について教えることはできても、その道義的側面はいっさい教科書で触れることができないことを意味する。

これがどれだけ恐ろしいことか、逆の立場から考えればわかるであろう。もし日本が先の大戦に勝利し、米国を占領統治したとしよう。そこで「教科書検閲の基準」を策定して、「リンカーンのような英雄および道義的人物としての大統領」をいっさい教科書に書いてはいけないとして、米国人たちが六十年以上もそのような偏向教科書を使って勉強し続けたら、米国はいったいどのような国になったであろうか。当然、米国人としての誇りを感じ、アメリカ合衆国という国が存在することに感謝の気持ちを抱く者はいなくなるに違いない。そうなったら、それは米国存亡の危機である。米国人を精神的に骨抜きにするために、これほど有効な手段がほかにあるだろうか。

この検閲基準が発令された結果、日本の教科書には、先述の仁徳天皇・亀山上皇・明治天皇などに代表される天皇と皇族の道義的な記述がまったく記載できない状態になり、いまだにそれが続いている。

ゆえに、普及している中学の歴史教科書を読めば、天皇と皇族が登場するたびに、異端児や暴れ者として描かれ、天下動乱に向かう筋書きばかりが目につく。たとえば、大化の改新は皇太子たる中大兄皇子が蘇我入鹿を殺害する話だった。皇族同士が殺し合った壬申(じんしん)の乱、上皇と天皇が争った保元の乱、後鳥羽上皇が倒幕の挙兵をした承久の乱、後醍醐天皇が倒幕の挙兵をして島流しになるも倒幕を成功させて新政を始めたが、武士の不満が高まって引きずり下ろされ、それが原因となって朝廷が南北朝の二つに分裂することになった云々。このような天皇の血なまぐさい話ばかりが強調された教科書で勉強した生徒は、天皇は好戦的で危険な存在だと思うだろう。それは、まさにGHQが意図したことである。

しかし、わが国はサンフランシスコ講和条約により、六年八カ月の占領に終止符を打ち、主権国家として国際社会に復帰した。もちろん戦前の教育は神話を歴史的事実として教えていたなど、不適切な点があったことは否めない（歴史的事実ではなく歴史的真実として教えるべきだった）。だが講和条約発効の時点で、占領下の教育のあり方を見直さなくてはならなかった。ところが、一度できあがった空気を変えることは難しい。占領軍の施した教育政策に反対意見を述べれば、たちまち「軍国主義」の汚名を着せられる社会になっていた。

もし国民に尊敬されるような天皇の逸話を教科書に書こうものならば「皇室賛美」「侵略を肯定するのか」などと批判され、また南京大虐殺や軍が主導した従軍慰安婦に少しでも疑問を差し挟んだなら、同じように罵声を浴びせられる。占領軍の教育政策がより強く固まり、そのまま戦後教育として広く根を張ってしまった結果、そこから抜け出すことができず、いまに至るのである。

占領下の学校教科書はこう作られた

ここで再び占領下に話を戻したい。戦前の教科書はGHQによって完全に否定され、「修身」「国史」「地理」に至っては授業停止命令まで発令されてしまった。文部省は新しい「国史」の教科書を策定し、速やかに授業を再開させるために全力を尽くした。

文部省は、GHQの意向に沿った歴史教科書を作る必要性を認識した。そして、まず歴史教科書の執筆者の名前を事前にGHQに提出し、GHQは人物調査を徹底して行なった。文部省は執筆者の人選の段階からGHQの許可を受けつつ、教科書の策定作業を進めた。GHQの許可を得られる教科書ができなければ、「国史」の授業を再開することができないため、文部省には焦りがあった。

GHQは米国本国に教育使節団の派遣を要請し、昭和二十一年三月にJ・D・ストッダート（ニューヨーク州教育長官）以下、二七名が来日した。同月末に教育使節団が作成した報告書は、その後の日本の教育政策に一定の影響を与えることになる。

同報告書は、教育の地方分権を進めるべきこと、「修身」の科目を見直すこと、「地理」「国史」における神話と客観的事実を分離すべきこと、そして日本語をローマ字表記にすべきことなどを提言する内容だった。また、使節団は「勅語・勅諭の奉読や御真影の奉拝は廃止すべきである」、また「教師は自発的な組合を組織すべき」との意見も表明している。

文部省は、教育に関する四つの指令、「教科書検閲の基準」、そして教育使節団の意見などを総合的に咀嚼し、新しい歴史の教科書を作成して「国史」の授業再開に漕ぎ着けた。

歴史教科書を策定するに当たって、CIE職員が英訳された原稿を丹念に調べ上げ、ようやく昭和二十一年十月十二日、マッカーサー元帥が「国史」の授業再開を許可するに至った。ただし元帥は、文部省が準備しGHQが承認した教科書のみが使用されるべきであると厳命した。

さらに文部省は、昭和二十一年五月十五日に教師用の手引き書である「新教育指針」、続いて十一月九日に「国史教育の方針」と名付けられた指導要綱を作成して全国に配布した。

文部省が作り上げた九九ページに及ぶ「新教育指針」は日本の戦後教育の在り方を決定づけることになる。この指針はGHQの戦後教育政策の意向を忠実に汲み取ってまとめられたもので、文部省が作成してCIE局長の許可を得て定められた。終戦後の物資が欠乏する時期にもかかわらず、四三万六〇二〇部が印刷され、教育現場に広く配布された。全国各地で教師が集まって「新教育指針」の読み合わせをする勉強会まで開かれたというから、その浸透ぶりがわかる。

「新教育指針」には何が書かれているのか

戦後教育を決定づけた「新教育指針」は、教師向けのマニュアルといえる。これが現在の学校教育にも深い影響を与えていると思われる。いったいどのようなことが書かれているのか、その一端を紹介しよう。

まず、冒頭の「はしがき」に同指針の立ち位置が明確に示されている。「(GHQが出した)教育に関する四つの指令は、日本の新教育のありかたをきめる上に、きはめて大切なものである。本書の内容はこれらの指令と深い結びつきをもつて記されてゐる」と述べたうえ、ご丁寧に巻末に四つの指令の全文を収録し、参照するように指示している。つまり、文部省はGHQの教育政策をそのまま受け入れ、それを日本の国策に据えることを明言しているに等しい。

本文の最初は「日本の現状と国民の反省」と題し、ポツダム宣言が日本に求めるものを紹介してから、日本がこのような状態になった原因について次のように述べている。

「もちろん戦争にまけたから、このやうな状態になつたのであるが、しかし、さかのぼつてこの戦争をひき起したことそのことに原因があり、したがつて国民をこの戦争へと導いた指導者たちに責任があるのである。（中略）今日軍人や政治家や財界人や思想家などのうちで、戦争責任者として、マッカーサー司令部から指名せられ、もしくは日本国民から非難せられてゐる人々は、かうしたあやまちをおかした人々である」

「指導者たちがあやまちをおかしたのは、日本の国家の制度や社会の組織にいろいろの欠点があり、さらに日本人の物の考へ方そのものに多くの弱点があるからである。国民全体がこの点を深く反省する必要がある」

これはまさに東京裁判史観そのままであり、ＧＨＱはこのようにして、文部省を通じて、子どもたちにまで戦争の罪の意識を植え付けるＷＧＩＰを実行していったのである。

そして、日本人の欠点と弱点が次々と列挙されていく。ここではその項目を原文のまま示して、その要旨を示しておきたい。

①「日本はまだ十分に新しくなりきれず、旧いものがのこつてゐる」

日本は近代文化を取り入れたが、封建的なものも残っている。日本の近代化は中途半端で、近代精神を理解する段階に至っていない。それにもかかわらず、日本人はすでに西洋文化と同じ高さに達したと思うだけでなく、精神面では日本人のほうが優れていると思う人すらあった。こうした誤った考えを持った者が指導者となって、戦争を引き起こした。

②「日本国民は人間性・人格・個性を十分に尊重しない」

封建時代の「将軍―藩主―武士―百姓町人」のような上下関係があると、下の者は人間性を伸ばすことができない。このような封建的関係は近代社会にも残っている。「役人と民衆」「地主と小作人」「資本家と勤労者」「主人と召使」など。大多数の国民は召使と同様に人間性を歪められ、人格を軽んじられ、個性を無視されてきた。「教師と生徒」の関係も封建的であり、ゆえに生徒の人間性は歪められてきた。

③「日本国民はひはん的精神にとぼしく権威にもう従しやすい」
日本国民は長い間の封建制度の影響により、屈従的態度に慣らされてきた。国民は政治を批判する力を失い、国に従うようになった。教育においても、生徒が教師に従うのではなく、生徒が自由な意思をもって信じる道を進むように躾(しつ)けるべきである。

④「日本国民は合理的精神にとぼしく科学的水準が低い」
「国史」の教科書には神が国土を生んだとか、オロチの尾から剣が出たとか、神風が吹いて敵軍を滅ぼしたとかの神話が、あたかも歴史的事実であるかのように記されているのに、生徒はそれを疑おうとしなかった。合理化する力が乏しいために、伝統的な根のない信仰に支えられた制度や慣習が残る。難しい漢字が使われるのも合理的精神に欠けるから。軍国主義や極端な国家主義に至った原因もここにある。

⑤「日本国民はひとりよがりで、おほらかな態度が少い」
日本国民は、封建的精神を持っていて、下の者にいばった態度で接する。そのような精神では、他人の意見を受け入れようとしない。このような独りよがりな態度が、日本国民全体

としての不当な優越感を生んだ。天皇を現人神とし、日本民族は神の子孫で、日本の国土は神が生んだというのがその一例。日本国民はこうした態度のため、世界の同情を失い、国際的に孤立し、それが戦争の原因となった。

これまで「新教育指針」が列挙する日本人の欠点を紹介してきたが、これらの点が教育改革の対象となる。だが、おかしな箇所が目につく。①は日本の古いものを日の敵とする考え方で、伝統に無価値のレッテルを貼り付けるような思想、②と③は従来の教師と生徒の関係を封建的と決めつけるもので、「生徒は顧客」といった誤った方向性に向かう考え方であって、教師が尊敬されなくなった一因であるばかりか、いまの教育現場の混乱の元凶になっていると思われる。

④は神話を否定し、伝統を無価値と決めつけるもので、現在の日本社会が陥っている科学万能主義の発端がここに見える。歴史と神話を封印する正当性が語られている部分である。⑤は日本と日本人は特別ではなく、優れていることもないと強調するもので、日本人が愛国心を持たなくなった遠因に思える。

このように、「新教育指針」は日本人の欠点を列挙して、これらが戦争の原因であると述べ、**「戦争の責任は国民全体が負ふべきであり、国民は世界に向つて深くその罪を謝するところがなければならない」**と結んでいる。これがWGIPの正体であり、いまだに謝罪外交を続けていることの原因はここにあるといえよう。そして、この「新教育指針」はGHQが示した方針に従って、文部省、つまり日本人自らが作成し、教育現場に周知徹底させたものであることを押さえておきたい。

占領政策をそのまま引き継いだ日教組

「新教育指針」にはさらに驚くべきことが書かれている。「教育の実際において民主主義をいかに実現すべきか」の項で、「教師自身が民主的な修養を積むこと」を挙げ、その具体的方法として「教員組合の健全な発達もまた教師の民主的な生活及び修養のために大切なことである」と述べ「教員組合は必要」と断言している。また、先述したとおり、昭和二十一年三月に来日した教育使節団も組合を組織すべきであると提言していた。

教員組合はかなり早い段階で結成されていた。終戦四カ月後の昭和二十年十二月には共産党系の全日本教員組合と、社会党系の日本教育者組合が結成され、最初は小さな勢力だったが、一年の間に両方で二六万人の組合員を要する大組織に成長していた。「新教育指針」が出された翌年の昭和二十二年六月に二つの組合が統合され、高等教育の教員で組織されていた大学高専協が加わって発足したのが、日本教職員組合（日教組）である。

教員組合の結成と発展を促したのは、GHQと文部省だった。そしてその流れのなかで拡大統合を果たしたのが日教組であるから、つまり「GHQの占領政策の落とし子」であると同時に「『新教育指針』の落とし子」ともいえよう。ところで、労働組合も同じ流れのなかで結成と促進が推奨され、平成元年（一九八九）に四大組合が統合して組合員八〇〇万人の日本労働組合総連合会（連合）が発足し、日教組もこれに加盟することになる。

そして、「新教育指針」を忠実に実行し、これをいまに伝えているのが、日教組なのだ。サンフランシスコ講和条約発効によって占領軍が撤退したあとも、日教組が「新教育指針」を引き継ぎ、現在も現役で活動している。これは、日教組が占領軍の占領政策をそのまま引き継いできたことを意味する。

講和条約発効後、戦後民主主義を見直す動きが現れるが、これを潰したのが日教組だった。日教組が考えた戦後民主主義を守る合言葉は「教え子を再び戦場に送るな」。このスローガンの下、第一回全国教育研究大会を開催し、平和のための歴史を教えると結論付けた。この大会は「教育研究全国集会（教研集会）」と名を変えて、その後、毎年開催されることになった。
日教組は現在では加入率が低迷しているとはいえ、最盛期には九〇％に上り、一九八〇年代でも五〇％程度を保っていた。「新教育指針」を学校現場に浸透させたのは日教組であり、戦後教育に絶大なる影響を与えた。

ところで、昭和二十四年五月二十七日に由々しき文部省通達が出されたことについて付言しておきたい。これまで「国史」と呼んでいた科目を「日本史」に改めるというのである。これは「わが国」を「この国」と言い換えるのと同じで、ただの名称変更の問題ではない。昭和十六年以降の教科書に問題があったのは確かだが、GHQの指導によって作られた歴史教科書は、もはや日本人のための歴史ではなくなっていた。その意味において名称が「日本史」に変更されたのは自然な流れなのかもしれない。

「国史」は日本人にとっての日本の歴史だが、「日本史」は世界の人にとっての日本の歴史という意味合いが強く、極めて科学的、客観的な内容であって、そこに日本人の心情は表れていない。米国の学校では「American History（米国史）」などという科目は存在しない。あるのは「National History（国史）」のみ。中国における歴史の科目も「中国史」ではなく「国史」である。

そろそろ周辺諸国条項を見直し、いつまでも自虐史観に偏っていないで、東京裁判史観と戦後教育の呪縛から解放され、日本人のための日本の歴史教科書を作り、普及させるべきではあるまいか。**日本人が真っ当な教科書を使うようになるまで、戦争は終わっていない。**

第四章

「国体の護持」を達成した日本国憲法

ポツダム宣言を受諾した目的

第二章と第三章では、占領下においてGHQがどのように、日本の精神的武装解除を進めてきたかを検証してきた。一つは言論統制であり、一つは教育改革だった。連合国が日本を占領した目的が、終局的には日本を精神的に武装解除すること、すなわち、日本が二度と武器を持って戦うことがないように、精神的に骨抜きにすることにあったのは、これまでに述べてきたところである。

そこで第四章は、視点を米国から日本に移して、日本がポツダム宣言を受諾した理由は何であったかを明らかにするところから始めたい。そのうえで、大日本帝国憲法から日本国憲法に移行したことで、天皇と国民の関係がどのように変化したのか、または変化していないのかを検討したいと思う。

昭和二十年八月十日午前零時三分、皇居の御文庫附属室で始まった御前会議で、わが国の政府と統帥部の首脳は究極の政治判断を迫られていた。「ポツダム宣言を受諾するか否か」。同宣言を受諾すれば、日本は建国以来、初めて外国の軍隊に占領されることになる。そして、もし受諾しなければ、本土決戦に突入することになる。

受諾の可否を決定する御前会議は、鈴木貫太郎内閣総理大臣が議長を務めるなか、枢密院議長・陸軍大臣・海軍大臣・両統帥部長・外務大臣の計七名が席に着いて、戦争をやめるかどうかを真剣に議論した。本来、天皇の前で行なわれる御前会議は、現代の上場企業の株主総会同様、あらかじめ進行の次第が決まっていて、本気の議論が行なわれたことなど先例がない。

このとき、東郷茂徳外務大臣はポツダム宣言を受諾すべきと主張、これに対して阿南惟幾陸軍大臣は本土決戦を主張した。数時間に及ぶ侃々諤々の議論の末に議場に諮ったところ、三対三になり、完全に意見が二分してしまった。

最後に、議長を務める鈴木総理が意見表明をすれば、議事は決するはずだったが、このとき鈴木は出席者たちのまったく想像しえない行動に出たのだった。

「誠にもって畏れ多い極みではありますが、これより私が御前に出て、思召をお伺いし、聖慮をもって、本会議の決定と致したいと存じます」

と述べたのだ。議場に動揺が走った。御前会議は国家の最高意思決定機関であり、天皇が自ら直接その決定を下すなど、わが国の憲政史上、一度の先例もないことだった。このとき、昭和天皇は次のような御言葉を発せられた。

「自分は、外務大臣の案に賛成する」

これでポツダム宣言の受諾が決定した。

この御前会議では、重臣たちの間で国策について意見が真っ二つに分かれていたが、それでも全員が目指すものは一致していた。それは「国体の護持」だった。

国体とは国柄の根幹のことで、日本の国体は「君民共治」を意味する。日本は初代神武天皇の即位により国が成立し、以来、天皇と国民が一体となって国を育んできた。歴代の天皇は国民一人ひとりをわが子のように愛して、その幸せを祈る日々を送ってきた。そして国民は、そのような天皇を実の親のように慕って、国を支えてきた。天皇と国民が何をもっても断ち切ることができない強靭な絆で結ばれていることは、どこの国にもない日本の国柄の根幹といえる。

御前会議では、このような日本の国体を護持することが、終戦の最終条件であるとの共通認識が形成されていた。東郷外務大臣は国体を護持するためにはポツダム宣言の受諾が必要であると主張し、他方、阿南陸軍大臣は国体を護持するためには本土決戦をすべきであると主張していた。そして、**御前会議は、国体を護持するためにポツダム宣言を受諾することを決定したのである。**

したがって、わが国がポツダム宣言を受諾した目的は「国体の護持」にほかならない。日本は国を守るために同宣言を受諾したのである。終戦によって国を明け渡した事実はない。日本は国を解体するために同宣言を受諾したのではないことを確認しておきたい。

日本は本当に無条件降伏したのか

一般的には、日本がポツダム宣言を受諾したことを「無条件降伏」と表現することが多い。しかし、日本は本当に無条件で降伏したのだろうか。

無条件降伏とは、条件を付けずに降伏することである。これは「何をされても構わない」ということであって、国を明け渡すことを意味する。同宣言を受諾した目的は「国体の護持」であることは検証したところだが、それにもかかわらず無条件降伏をしたなら、完全に矛盾することになってしまう。

この問題の答えを得るのはそう難しいことではない。それは、ポツダム宣言に何が書かれているかを見れば、即時に答えがわかるというものだ。次にポツダム宣言の一部を抜粋して示す。

「第五項　**吾等の条件は左の如し**。吾等は右条件より離脱することなかるべし。右に代る条件存在せず。吾等は遅延を認むるを得ず」（旧字体は新字体に改め、カタカナはひらがなに改め、句読点を補った。以下同じ）

ここから下の項目に、連合国の条件が記されていることがわかる。この一文だけで、ポツダム宣言自体が「有条件」だったことがわかる。

では連合国が付けた条件とはどのようなものだったのか、別の項目を示す。第七項には同宣言の目的を達成するために連合国が日本を占領することが明記されているが、重要なのは、一定の条件を満たしたら占領軍は撤退する旨が次のように書かれていることだ。

「第十二項　前記諸目的が達成せられ、且（かつ）日本国国民の自由に表明せる意志に従い、平和的傾向を有し、且責任ある政府が樹立せらるるに於ては、連合国の占領軍は直に日本国より撤収せらるべし」

そして、その一定の条件とは次のようなものだった。

「第十項（抜粋）日本国政府は、日本国国民の間に於ける民主主義的傾向の復活強化に対する一切の障礙を除去すべし。言論、宗教及思想の自由並（ならび）に基本的人権の尊重は確立せらるべし」

つまり、日本が民主主義的傾向を復活させ、言論の自由、宗教の自由、思想の自由を確立し、基本的人権を尊重する国になり、平和的傾向を持つ責任ある政府が樹立されたなら、連合国は占領軍を撤収させるという約束事が書かれているのだ。

したがって、ポツダム宣言は連合国と日本国の双方に権利と義務を盛り込んだ条約であって、なにも一方的に日本だけが義務を負うものではない。日本が無条件で降伏をした事実は存在しないのである。一度でもポツダム宣言を読んだことのある人は、日本は決して無条件降伏をしていないことがわかるはずだ。

ではなぜ「無条件降伏」と理解されるようになったのだろう。それは、同宣言第十三項に、連合国が日本政府に日本軍の無条件降伏を宣言するように要求する内容が含まれていることが原因だと思われる。しかし、ここでいう「無条件降伏」とは軍の降伏を意味し、国の降伏が無条件であることを意味しない。つまり、**明け渡したのは軍であって、決して国ではないのだ。**

また、先述の第五項で「右に代る条件存在せず」とあることや、第十三項で「右以外の日本国の選択は迅速且完全なる壊滅あるのみとす」とあることなどから、連合国は諸条件の変更を認めない旨を宣言自体に書き込んでいることがわかる。

つまり、日本は条件の一部を削除するように求めたり、別の条件を加えるように求めたりすることはできなかった。よって、ポツダム宣言を全体として受諾するか、全体として受諾しないかの二者択一を迫られたかたちだった。

したがって、もし「無条件」という言葉を使うのであれば「日本は無条件で有条件のポツダム宣言を受諾した」ということになろう。それは、ポツダム宣言の条件の変更を求めなかったというだけのことである。これで、日本が無条件降伏をした事実はないことが明らかになったと思う。

天皇の地位をめぐって沸騰した議論

ポツダム宣言受諾を決定した八月十日の御前会議の直後、日本の外務省は連合国に対して同宣言を受諾する旨を次のように打電し、降伏することを意思表明した。

「条件中には天皇の国家統治の大権を変更するの要求を包含しおらざることの諒解の下に、帝国政府は右宣言を受諾す」

このため、米国では八月十日が「対日戦勝記念日」として記憶されることになった。この文面を見てわかるとおり、日本は同宣言受諾に当たり、連合国に条件の変更を求めていない。唯一付言されているのが、条件中に天皇の法的地位を変更する要求が含まれていないことの確認だった。

たしかに、ポツダム宣言に天皇に関する記述はない。しかし、先述のとおり重臣たちは「国体の護持」を同宣言受諾の目的と考えていたのであるから、天皇の地位が保証されてこそ同宣言を受諾する意味がある。したがって、国家の重大事であるがゆえに、念のため、天皇の地位が変更されないことを確認する必要があった。

ところが、米国のバーンズ国務長官からの返答があったのは八月十二日午前零時四十五分で、その内容は、天皇の地位を保証するとも保証しないとも取れるような曖昧な内容だった。

「降伏と同時に日本皇帝及び日本政府の統治権は降伏条件実施に適当と思惟する措置を採る所の連合軍最高司令官の下に置かれるものとする」(バーンズ回答)

これにより、重臣たちの間で議論が蒸し返された。連合国は日本政府の確認については一言も答えず、日本の統治権はGHQの下に置かれると述べただけだった。一時は昭和天皇の御聖断に同意していた阿南陸軍大臣も、これでは天皇の地位は保証されないと考え、「国体護持の保証がないかぎり徹底抗戦すべき」と、ポツダム宣言拒絶を主張した。

そして、八月十四日午前十一時五分、皇居の吹上附属室で再び御前会議が開かれた。またもや議論は紛糾したが、最後は二回目の御聖断により、終戦が決定した。このときの昭和天皇の御言葉は「耐え難きを耐え」で知られる玉音放送、すなわち「終戦詔書」の文面の土台となったものである。このなかに、昭和天皇の「バーンズ回答」に対する解釈が見えるので、抜粋して紹介したい。

「私の考えはこの前に申したことに変わりはない。私はこれ以上戦争を継続することは無理だと考える。国体問題についていろいろ疑義があるということであるが、私はこの回答文（バーンズ回答）の文意を通じて先方（連合国）は相当好意をもっておるものと解釈する。先方の態度に一抹の不安があるというのも一応はもっともだが、私はそうは疑いたくない。要は我国民全体の信念と覚悟の問題であると思うから、この際先方の申し入れ（ポツダム宣言）を受諾してよろしいと考える」（括弧内は筆者の注釈）

この日のうちに「終戦詔書」が起草され、内閣総理大臣以下全閣僚の署名が揃った。そして翌日の八月十五日、玉音放送により、日本がポツダム宣言を受諾し、戦争を終結させることが全国民に伝達されたのだった。

このように、**政府と統帥部の首脳は「君民共治」の日本の国体を守るために、天皇の法的地位を変更しないことを最終の国防ラインと定め、これを実現するためにポツダム宣言を受諾したのである。**

日本国憲法の基礎を成す「マッカーサー・ノート」

その後、マッカーサー元帥は昭和天皇との会見を通じて、天皇と国民が一体であるという、まさに日本の国体を見てしまった。

天皇をなくしたら日本は大混乱に陥り、数百年にわたって復讐の戦争が繰り広げられると考えた元帥は、それからというもの、本国政府の意思に反して、天皇を処刑せずに、皇室を存続させる方針を定めたことは、第二章に記したとおりである。

当初、日本側は憲法の改正をせずに、ポツダム宣言の要求事項は履行可能と考えていた。しかし、GHQは憲法改正を突き付けてきた。日本政府は独自の憲法改正案（松本案）を策定したが、GHQに却下されてしまう。

昭和二十一年二月三日、マッカーサー元帥はGHQが憲法草案を起草することを決断した。一月中旬までGHQが憲法草案を策定することを検討した形跡はないが、GHQが二月に入って草案起草に踏み切ったのは、二月二十六日に極東委員会が活動を開始することが原因だったと見られている。

極東委員会とは、連合国一一カ国の代表によって組織された日本の占領統治に関する最高の権限を有する機関で、これが活動を開始すると、GHQの権限が大きく制約されることになる。

マッカーサー元帥は、民主主義と両立する範囲内で皇室を存続させることが必須と考えていたが、極東委員会には、ソ連（当時）とオーストラリアのように、皇室を存続させることに強く反発する国が入っていて、天皇の戦争責任の問題も活発に議論されていた。そのため、極東委員会が活動を開始する前にGHQ主導で憲法改正の流れを作らなければ、皇室を存続させられないとの判断があったと思われる。また、松本案は極東委員会が承認しないと考えられた。

そのような背景があって、元帥は二月三日、民政局に対して憲法草案を作成するように命じた。この日、元帥が憲法草案起草の責任者となるコートニー・ホイットニー民政局長に示した「日本の憲法改正に際して守るべき三原則」（通称「マッカーサー・ノート」）には、憲法草案に盛り込む必須三原則が書かれている。全文（日本語訳）を示す。

「一、**天皇は国家の元首の地位にある。皇位は世襲される。天皇の職務および権能は、憲法に基づき行使され、憲法に表明された国民の基本的意思に応えるものとする。**

二、国権の発動たる戦争は、廃止する。日本は、紛争解決のための手段としての戦争、さらに自己の安全を保持するための手段としての戦争をも、放棄する。日本はその防衛と保護を、いまや世界を動かしつつある崇高な理想に委ね（ゆだ）ねる。日本が陸海空軍を持つ権能は、将来も与えられることはなく、交戦権が日本軍に与えられることもない。
三、日本の封建制度は廃止される。貴族の権利は、皇族を除き、現在生存する者一代以上には及ばない。華族の地位は、今後どのような国民的または市民的な政治権力を伴うものではない。予算の型は、イギリスの制度に倣うこと」

日本国憲法には第一条から第八条にかけて天皇に関することが書かれることになるが、それはマッカーサー・ノートの第一項が基礎となっていることがわかる。他方、日本国憲法第九条の「戦争の放棄」は、マッカーサー・ノートの第二項が基礎になっていることもわかる。

元帥が示した三原則に基づいてＧＨＱ草案が作成され、それに基づいて日本政府案が作成され、それを枢密院と帝国議会で議論して成立したのが「日本国憲法」であるから、マッカーサー・ノートが日本国憲法の基礎を成すのは自明である。

このように、**マッカーサー元帥は三原則を示すことによって、日本に天皇を国家元首として存続させることを求め、他方では戦争放棄を求めた。**しかも、天皇の存続は「保守」の基礎であり、戦争放棄は「革新」の基礎であることから、日本国憲法は、ある面では伝統を守らせ、またある面では革新を盛り込むことが、草案起草の前段階、いわば最初の第一歩の段階から意図されていたことになる。

私は保守主義者なので、占領を経ても皇室が存続したことに喜びを感じる半面、戦争放棄が憲法に盛り込まれたことは、日本の手足を縛るものであって、痛恨の極みであると考えている。日本国憲法は勝者である連合国が、敗者である日本に押し付けたものであることは歴史の事実であり、誇りある日本人としては決して承服できるものではない。

しかし現在、日本国憲法はその問題点ばかりを指摘する向きがあるが、当時の日本人が切望していた「国体の護持」を実現させたものであることも事実である。物事には光と影があり、日本国憲法にも影の部分だけでなく、光の部分もあることを忘れてはいけないと思う。

国体が護持されたことは、数少ないながらも日本国憲法の光り輝く部分ではなかろうか。皇室の存続は日本人の総意だった。そして、マッカーサー元帥は皇室が存在する意義を十分に理解したうえで、憲法策定に当たり、皇室の存続を第一に掲げた。よって皇室は、当時の日本国民と、マッカーサー元帥率いるGHQによって守られたといってもよかろう。このようにして、わが国は敗戦の憂き目を経ても、「君民共治」の日本の国体を護持することができたのである。

●「国体は破壊された」と騒ぎ立てる戦後の憲法学者

ところが、戦後の憲法学者たちは「終戦によって国体は破壊された」と主張し続けて、現在に至る。憲法学界では、日本国憲法が有効である論理として「八月革命説」が支持され、現在では通説となっている。「八月革命説」は法学部の卒業生であれば、憲法か法学の授業で必ず耳にしたことがあるはずだ。いったいどのような論理であるか、説明を試みたい。

[第一のステップ]

憲法には改正の限界があると述べる。たとえば主権の所在など、国の根本原理を変更することはできないと主張される。

[第二のステップ]

したがって、大日本帝国憲法から日本国憲法への変更は、天皇主権から国民主権に変更する内容を含んでいるから、憲法改正の限界を超えるものであって、法的に説明がつかないものであるという。

[第三のステップ]

よって、日本国憲法の成立は法的に説明がつかないのであるから、法的な意味における革命が起きたと考える。

これが「八月革命説」の考え方である。つまり、わが国がポツダム宣言を受諾した昭和二十年八月、ある種の法的な革命が起きたとし、日本国憲法は革命憲法としてのみ有効たりうるというのだ。この説は宮沢俊義博士によって論理立てられたもので、現在では憲法学者のほとんどが支持する支配的な通説になっている。

「八月革命説」を論理立てた宮沢俊義博士
（写真提供：共同通信社）

終戦時に実際の革命が起きていないことは誰でも知るところだが、ここで、日本国憲法が成立するまでの手続きの流れを確認しておきたい。

内閣はGHQ草案に基づいて草案作りに着手し、昭和二十一年四月十七日に内閣草案を完成させた。次に、内閣草案は枢密院に送られ、審議を経て可決され、六月二十日には「帝国憲法改正案」として勅書をもって第九〇回帝国議会に提出された。八月二十四日に衆議院は原案に若干の修正を加えて可決し、貴族院に送付。貴族院は十月六日、原案にさらに若干の修正を加えて可決。次に、衆議院が貴族院で加えられた修正に同意してこれを再可決し、帝国議会での審議が終了した。そして改正案は再び枢密院の審議に付され、帝国議会での修正に同意して、全ての審議が終了した。そのうえで、十月二十九日に昭和天皇の裁可を経て、十一月三日に「日本国憲法」として公布され、昭和二十二年五月三日に施行されたのである。

このように、日本国憲法は憲法と法令の規定に従って、枢密院と帝国議会で議論が尽くされ、大日本帝国憲法を改正することで成立したことがわかる。

ところで、意外に思われるかもしれないが、保守の一部で支持されている憲法無効説（押し付け憲法論）も、この八月革命説と論理は同じである。憲法無効説の論理は八月革命説とほとんど一致していて、「第三」だけが異なり「だから無効と考えよう」としている。憲法無効説と八月革命説は、結論の一行が異なるだけで、その前提となる論理はまったく同じなのだ。いずれの説も、憲法が変更したことで、国体は破壊されたと結論付けるものである。

では、果たして日本国憲法の成立で「君民共治」の国体は破壊されたのだろうか。結論から先にいうと、**私は大日本帝国憲法から日本国憲法への変更によっても、「君民共治」の日本の国体は変更せず、いまに残されていると考えている。天皇の法的地位は、憲法の変更によってもほとんど変化していないばかりか、本質的な部分については完全に新憲法に継承されているからだ。**

ここで「八月革命説」を順に検証してみよう。まず、「第一」の憲法の改正に限界があるか否かの問題については、百年以上もの間、世界の憲法学界で論争が続いていて、いまだに解決の目処が立っていない。つまり、改正に限界があるという説自体が、世界の憲法学界では二つある有力説の一つに過ぎないのだ。「八月革命説」は、このような未確定なことを大前提としているのであって、それだけで不安定な説であるといえる。もし憲法改正に限界がないとの立場に立てば、そもそも「八月革命説」など成立しえない。

それでは、百歩譲って、仮に憲法の改正に限界があるとして、「第二」の論点に進むことにする。ここでは、大日本帝国憲法から日本国憲法への変更が、憲法改正の限界を超えるか否かが論点となる。おそらくこの点こそが、国体が護持されたか否かの主戦場となろう。具体的には、大日本帝国憲法から日本国憲法への変更は、主権者の変更を伴うかどうかの議論に集約される。

憲法が変更しても主権者は変更していない

主権者の変更の有無を考えるうえで、まずは主権の定義を確定しておかなくてはならない。幸い日本の憲法学界では、主権の定義について論争はない。宮沢俊義博士のいう「国民主権を問題とする場合の主権とは、国家の政治のあり方を最終的にきめる力をいう」（『憲法の原理』岩波書店）が主権の定義として広く用いられ、定着している。

「国家の政治のあり方を最終的にきめる力」が天皇にあれば天皇主権、国民にあれば国民主権ということになろう。なお前掲書には「君主主権は国民主権と両立せず、一方の是認は、論理必然的に、他方の否認を意味」し、「天皇主権は国民主権と原理的に両立しない」のであって、「前者より後者への推移は、政治の根本原理の変革と見るべきものである」とも記されている。

では、旧憲法から新憲法への移行により、「国家の政治のあり方を最終的にきめる力」が天皇から国民に移ったと本当にいえるだろうか。少なくとも憲法の条文を比較してみても、天皇の法的権限は旧新憲法間で根本的な変化はなく、主権が天皇から国民に移ったことを明示する条文は見られない。

日本は古来「天皇不親政の原則」といって、天皇はごく一部の例外を除き、政治の意思決定に直接関与してこなかった。事実、明治維新から現在までの間に、天皇が国策を直接決定したのは、それこそ昭和二十年八月十日の「終戦の御聖断」しか例がない（天皇の発言が政治に影響を与えたことはその他にも例がある）。

また、武家政権の時代は朝廷が政治を決定する立場になく、また平安時代以前も、摂関政治と院政、または豪族の政治が基本とされ、やはり天皇は直接国策を決定する立場になかった。

権力者たる国民（関白・幕府・議会など）が国策を決定し、これを天皇が裁可・承認・追認などをすることで、国事が遂行されてきたことは、歴史を通して変わらない日本の意思決定の仕組みであり、この点に関して旧新憲法間でも差異はない。

また、大日本帝国憲法下における確立された慣行によれば、政府と統帥部が決定した国策について、天皇はこれを却下する権能を持たなかった。これは、現在でも同様であろう。

具体例を挙げてみよう。たとえば立法権は主権の重要な権能の一つである。もし日本が米国のような完全なる国民主権国家なら、国民だけの力で法律を完成させられなければおかしい。たしかに米国は国民単独で法律を完成させることができる。

ところが日本の場合、国民は議会で法案を議決するところまでしかできない。そこから先は天皇の仕事になる。法律を公布するのは天皇の国事行為であることは日本国憲法第七条が示すところだ。法律を作るのは国民だが、そこに息を吹き込むのは天皇、ということになる。したがって、日本は米国と違い、国民単独でも天皇単独でも法律一つ、完成させることができない。

では、国民単独でも天皇単独でも主権を行使できないなら、わが国において、いったい誰が主権者なのだろう。答えは「君民一体」。つまり、**天皇と国民が一体となった姿こそが、わが国の主権者の姿であると考えなくてはならない**。天皇と国民が一体となったときに、初めて主権が発動するという意味である。そして、このことも旧新憲法間で違いはない。

宮沢博士は、天皇主権と国民主権は両立しないと主張していたが、それを両立させてきたのが日本の歴史である。中国や欧州では「君」と「民」は対立概念だった。他方、日本では「君」と「民」、つまり天皇と国民が対立関係に入ったことは、これまで一度も例がない。また、そのような国は日本以外に存在しないのだ。よって、欧州の法学の概念で理解しようとしても、日本の統治を理解することはできないだろう。

主権には権威と権力の側面があり、日本は米国と異なり、主権の権威の側面を天皇が、また主権の権力の側面を国民が担ってきた。また「君民共治」が日本の国体であることは繰り返し述べてきたところであり、「君民一体」と「君民共治」は日本の国体の表裏を成すものといえよう。

このような理由により、帝国憲法から日本国憲法への変更に伴い、主権者の変更は実際に起きていないのであるから、国体が変更したと結論することはできない。したがって、仮に憲法改正に限界があったとしても、大日本帝国憲法から日本国憲法への変更は、その限界の範囲内であったことになる。

押し付け憲法＝「無効」という論理のおかしさ

次に、「第三」の論点に移りたい。「八月革命説」が成立しえないことは、「第二」の論点で述べたので、ここでは「革命」の意味するところを確認するに留めたい。「八月革命説」では、大日本帝国憲法から日本国憲法への移行は法的説明がつかないことを理由に「八月に法的意味の革命が起きた」と主張する。「法的意味の革命」とはいったい何か。

簡単に説明するなら「法的意味の革命」とは、旧憲法と新憲法の間に法的連続性がないことを意味するだけのことである。「八月革命説」に立てば、大日本帝国憲法と日本国憲法の間には法的連続性がなく、ゆえに「法的革命」が起きたと考える。

つまり「八月革命説」は本当の意味の革命が起きたことを意味するものではない。憲法改正に限界があり、その限界を超えた改正が行なわれた場合、新憲法は法的に説明がつかないものとなるため、革命憲法であることにして、その憲法を有効と考えるのが「八月革命説」の主張である。

これまで述べてきた理由により「八月革命説」は妥当ではない。大日本帝国憲法の改正規定に基づいて改正されたのが日本国憲法であり、大日本帝国憲法と日本国憲法は法的連続性がある。そして、この考え方は「八月革命説」に対して「改正憲法説」と呼ばれている。

もし、「八月革命説」が妥当するなら、旧新憲法間に法的連続性がなく、日本国憲法成立によって国体は変更されたことになり、国家としての連続性も否定される。また昭和天皇が初代天皇であるということになってしまう。「改正憲法説」を採ることによってのみ、日本はポツダム宣言を受諾することによって、最終的には国体を護持することができたといえるのだ。

「国体の護持」こそが、ポツダム宣言受諾の目的だった。日本は敗戦により、誇りを踏みにじられ、歴史を否定され、ありとあらゆるものを失ったが、「国体の護持」だけは、日本人が最後に死守したものだったのではないか。国体が守られてこそ、いまの日本は日本たりえる。そして、このことは政府と統帥部の幹部だけの望みではない。特攻隊員たちや、硫黄島、沖縄をはじめとする最前線で命を絶っていった兵士たちの望みもまた、同じだったはずである。

ここで、保守言論界でいまだに根強い人気がある「憲法無効説」について付言しておきたい。「憲法無効説」はその論理が「八月革命説」と同じなので、同じ根拠で否定される。そのため、ここでは「無効」の部分について検討しておく。

「憲法無効説」は、大日本帝国憲法から日本国憲法への改正の手続きが違法であると説く。そして、違法であるがゆえに、日本国憲法は無効であるとする。もっともな論理に見えるが、次のような理由で完全に否定される。

たしかに、違法な手続きで成立した法律は無効であることに異論はない。違法な手続きを経た契約が無効であることも同様だ。しかし、それは法律や契約についていえることであって、憲法に関しては別である。憲法については、いかなる手続き上の瑕疵（かし）や違法性があったとしても、憲法自体を無効とする法理は存在しない。

なぜなら、いま世界に存在している憲法のほとんどは違法な手続きに基づいて成立したものであって、**そもそも憲法は戦争や革命や動乱のなかで、短期間のうちに書き上げられるものだからである。**およそ、合法的に成立した憲法などほとんどないといってよい。安定した社会で平穏裏に合法的に成立した憲法といえば、明治二十二年に発布された大日本帝国憲法くらいではあるまいか。

もし憲法成立の手続きに瑕疵や違法性があることを理由に、その憲法が無効であるとしたら、およそ世界中の憲法のほとんどは無効になってしまう。アメリカ合衆国憲法、中華人民共和国憲法、フランス共和国憲法然りである。

したがって、仮に日本国憲法が、占領軍が違法な手段で押し付けた憲法であっても、たった七日間で書き上げられたものであっても、それが憲法無効の理由にはならない。**憲法は存在している時点で、すでに憲法として有効なのである。**

日本人が死守した条文を忘れるな

そもそも、当時の政府と統帥部の首脳は、憲法の改正を望んでいなかった。にもかかわらず、連合国は占領中に、三つ目の原爆投下までちらつかせて、日本に憲法を変えさせたのであるから、日本人としては決して納得のできるものではない。

しかも、前文や第九条をはじめ、問題のある条文が多く、**日本国憲法こそが「戦後レジーム」の正体**ともいえよう。連合国が日本占領の目的とした「精神的武装解除（精神的に骨抜きにすること）」は、憲法改正によってその基礎を固めたのである。憲法の改正なくして戦後レジームからの脱却はありえない。

大日本帝国憲法から日本国憲法へ切り替わったことによっても、天皇の法的な地位に本質的な変化はなく、天皇と国民が一体となった「君民一体」こそが、わが国の主権者の姿であることになんら変化はない。にもかかわらず「国民主権」という言葉が独り歩きし、さも憲法の変更と同時に日本の国体が変わり、天皇と国民の関係が本質的に変化したかのような空気が蔓延しているのは確かである。

その結果、学校教育の現場では「天皇は主権者の地位を国民に明け渡し、いまは象徴になった」などと、まったく見当違いなことを教えている。これも連合国による精神的呪縛の一つというべきであろう。

日本人が日本をしっかりと理解することは、日本の将来にとって重要なことだと思う。憲法について国民的議論を積み上げ、日本の統治のかたちについて再認識をしなくてはいけない時期にきているのではないか。国体に関する議論を経ることで、日本人は確実に日本人としてのアイデンティティーを再確認し、日本人であることの誇りを取り戻すことができるのではないかと思う。

これまで日本人は憲法を議論しようとしなかった。憲法改正を口にするだけで「軍国主義」などと罵られる状況だった。しかし、空気は完全に変わった。いまや、憲法改正を正論として語れる時代になったのだ。

しかし、憲法改正の議論は、押し付けられた憲法を木っ端微塵（こっぱみじん）に粉砕するような態度で臨むべきではない。屈辱的な「押し付け憲法」であったとしても、そこには日本人が死守した条文があることを忘れてはいけない。日本国憲法に一定の敬意を払いつつ、必要な箇所を粛々と改正していく態度こそ、あるべき伝統を重んじる日本人の姿勢ではなかろうか。

日本人が自らの頭で考えて、自らの手によって憲法を改正していった先には、前途洋々たる未来が開けている。そのためには、日本国憲法第九条の改正が不可欠であろう。国防は国の基礎である。現代日本人を支配している自虐史観が取り払われ、日本が精神的・物質的に自立した国になったとき、日本は本当の輝きを取り戻すであろう。

第九条の呪縛は物理的・精神的の両面にわたっている。九条によって日本は戦争を放棄

PHP SHINSHO

PHP新書

PHP研究所

学ぶ心

学ぶ心さえあれば、万物すべてこれわが師である。
語らぬ石、流れる雲、つまりはこの広い宇宙、
この人間の長い歴史、
どんなに小さいことにでも、
どんなに古いことにでも、
宇宙の摂理、自然の理法がひそかに
脈づいているのである。
そしてまた、人間の尊い知恵と体験が
にじんでいるのである。これらのすべてに学びたい。

松下幸之助

し、戦力を保持せず、交戦権も持たない国になった。自衛隊は九条が保持を禁止する「戦力」には該当せず、軍隊ではないことになっている。しかも「専守防衛」を徹底することになっているため、近隣諸国から国際法に違反する挑発行動を受けても、絶対に自衛隊の側から攻撃をすることがない。特に中国はそのことを熟知していると思われ、本来なら攻撃されてもおかしくないような挑発をわざと仕掛けてくる。次章で、第九条と国防の問題について論じていきたい。

第五章 九条改正と謝罪外交の終焉

タブーではなくなった憲法改正

私が慶應義塾大学の法学部に在籍していた平成六年から十年にかけて、当時は憲法改正を口にすると、それだけで「軍国主義！」と罵られた。護憲こそが平和を希求する正しい道だと本気で信じられていたのである。私の恩師で憲法学者の小林節教授が『憲法守って国滅ぶ』（ＫＫベストセラーズ）と題する本を出版して孤軍奮闘していたほかは、およそ憲法学者のほとんどが護憲派であり、憲法改正の議論をすることすら許されない空気が支配していた。

ところがいま、憲法学者の大半が護憲派であることに変わりはないものの、世の中の空気は一変し、憲法改正の議論をするだけで「軍国主義」と批判されることはなくなった。憲法を「変えてはいけない」という空気を「変えてもよい」という空気に変えることは、並大抵のことではない。第一章で述べたように、東日本大震災、民主党の弊害、周辺諸国による領土侵食などが作用した結果ではないかと思う。

またこの流れは、平成十九年に、第一次安倍内閣が憲法改正の国民投票について定めた国民投票法を成立させたときから始まっていた。その後、平成二十四年に成立した第二次安倍内閣が憲法改正を目指したことで、にわかに憲法改正の議論が盛んになり、いまや誰もが気軽に憲法改正を口にすることができるようになった。憲法改正はもはやタブーではなくなったといえる。

近年の憲法改正の議論では、さまざまな論点が提示されてきたが、やはり憲法改正の本丸は、日本が戦争を放棄し、軍を保持せず、交戦権も持たないことを規定した「第九条」ではなかろうか。本章では、憲法第九条と国防について論じていきたい。

私を含む憲法改正論者たちは、日本国憲法の節々に違和感を覚えていて、手を加えたいと思っている箇所は無数に上る。安倍総理は憲法改正要件を定める九六条の改正にも意欲を見せている。

しかし、**ほとんどの憲法改正論者にとって、憲法改正の最終目標は、戦争放棄を謳(うた)った第九条ではなかろうか。九条こそが憲法改正の本丸と呼んでも差し支えないだろう。**まず条文を見てほしい。

第九条　日本国民は、正義と秩序を基調とする国際平和を誠実に希求し、国権の発動たる戦争と、武力による威嚇又は武力の行使は、国際紛争を解決する手段としては、永久にこれを放棄する。

② 前項の目的を達するため、陸海空軍その他の戦力は、これを保持しない。国の交戦権は、これを認めない。

第九条は、一項で戦争を放棄すること、また二項で戦力および交戦権を持たないことを定めている。ところが実際のところ、わが国は防衛のために自衛隊を保持している。もし九条が、あらゆる戦争を放棄し、いっさいの戦力を保持しないことを意味しているのであれば、防衛戦争を遂行するための自衛隊など持てるはずがない。

集団的自衛権はなぜ行使できないのか

では九条の政府解釈はどのようになっているのだろうか。もともと九条の条文自体がひっかけ問題に出てきそうな難解な言い回しであるうえ、政府見解もわかりにくい。政府は次のような解釈に基づき、自衛隊は合憲としている。

まず、一項の定める戦争放棄については、日本は侵略戦争を放棄したが、自衛権までも放棄したわけではないと考える。なぜなら日本が国家である以上、国家として当然に持つ権利

（自然権）があり、他国の侵略を受けたときに抵抗するのは、それに当たると考えるからだ。

また政府は、自衛権を発動させて武力行使するためには、次の三つの条件を全て満たさなくてはならないと解してきた。①わが国に対する急迫不正の侵害があること、②この場合にこれを排除するためにほかの適当な手段がないこと、③必要最小限度の実力行使に留まるべきこと。

次に、二項の定める戦力の不保持について、政府は、自衛隊は二項が保持を禁止する「戦力」に当たらないと解釈する。つまり、他国を侵略できる大きな軍事力が「戦力」なのであって、自衛のための必要最小限度の軍事力は「戦力」ではないということだ。これは、自衛隊の実力全体がこの限度を超えるかどうかで判断されるもので、その限度は、国際情勢や軍事技術の水準などに応じて変化する性質のものとされている。たとえば北朝鮮が核兵器を中距離弾道ミサイルに搭載できるようになれば、日本はそれに備える必要が生じるし、また将来中国が複数の原子力空母を保有すれば、わが国は防衛戦略そのものを一新しなくてはならないという意味である。

ただし、政府は、相手国の壊滅的な破壊のためにのみ用いられる、いわゆる攻撃的兵器を保有することは、自衛のための必要最小限度の範囲を超えるため許されないと解している。

大陸間弾道ミサイル、長距離戦略爆撃機、攻撃型空母などがそれに当たる。

これが、自衛隊を合憲とする政府見解である。まとめると「わが国は第九条で侵略戦争を放棄するが、自衛権は放棄していないため、自衛のための必要最小限度の力を保持することは認められる」ということになろう。そして、自衛隊は「外国に攻撃されたときに用いる必要最小限度の力であるから、合憲である」と主張されるのだ。

そして、この考え方から導き出されるのが「専守防衛」と「海外派兵の禁止」の原則である。専守防衛とは、攻撃を受けて初めて反撃することで、軍事的緊張が高まっても先制攻撃はしないことを意味する。

また海外派兵とは、武力行使の目的で武装した部隊を他国の領域に派遣することで、これは「自衛のための最小限度」を超えるものであるから、違憲と解されている。ただし、自衛権を行使できる地理的範囲について、政府は、必ずしもわが国の領域に限定されないが、具体的には個々の状況によって異なるとの立場をとっている。

また、海外派兵禁止から導かれるのが集団的自衛権の行使を認めない考えである。集団的自衛権とは、自国と密接な関係にある外国に対する武力攻撃を、自国が直接攻撃されていないにもかかわらず、実力をもって阻止する権利である。たとえば、北朝鮮が米国に向けてミサイルを撃ったとき、日本がこれを迎撃する場合や、米国軍の艦艇に攻撃を仕掛けてきた北朝鮮軍の部隊に、日本が攻撃を加える場合などが想定できる。

政府解釈は、集団的自衛権は国際法上認められる権利であるも、その行使は「自衛のための最小限度」を超えるため九条に違反する、との立場をとっている。「集団的自衛権は持っているが行使できない」というのが政府の見解である。

●「必要最小限度」の実力では国を守れない

日本の防衛力は、あくまでも侵略してきた敵を追い払うだけの「必要最小限度」の実力であって、決して他国を侵略できるほどの強大な実力には該当しないという政府見解は、もっともらしく聞こえるかもしれない。「必要最小限度」という言葉からも、蝿がたかってきたら、これを追い払う程度の小さな実力に過ぎないとの印象を持つだろう。しかしこれは、私には詭弁に聞こえる。

大国からの侵略に耐えうるには、強大な防衛力が必要であるという事実と、侵略は小さな実力でも可能であるという事実を見逃しているからだ。

数匹の蝿を追い払うには手を振るだけで十分だが、もし数万匹の蝿にたかられたら、手を振っただけでは不可能である。また、たった一匹のスズメバチが人の命を奪うこともあろう。

もし強大国アメリカの大統領を暗殺しようとしたら、一人でもできる場合がある。実際に四四代の歴代アメリカ大統領のうち、リンカーン（第一六代）、ガーフィールド（第二〇代）、マッキンリー（第二五代）、ケネディ（第三五代）と、実に四人の大統領が暗殺されている。そして、この四例はいずれも一人の暗殺者の狙撃によるものだった。

このように大統領は一人でも殺せる場合があるが、他方、大統領を暗殺者の魔の手から守ろうとしたら、一人では無理である。暗殺者は、いつどこからどのように危害を加えるか自由に選べるが、守る側は、いつどこからどのように狙われるかわからない。あらゆる可能性に対応するには相当の実力が必要になる。

国と国でも同様である。攻める側は一点に戦力を集中させることができるが、守る側は分散せざるをえないため、攻める側の何倍もの実力を持っていないかぎり、国を守ることはできない。攻める側と守る側が同じ戦力だったなら、必ず攻める側が有利になる。人類史上、小が大を食う戦争は枚挙に遑がないのはそのためだ。日本が先の大戦でミッドウェー以後に連敗を続けたのは、戦線を広げすぎたために戦力を集中できなかったことが原因である。

たとえば、中国が日本に宣戦布告して、日本の原発を狙う場合を考えてみよう。攻撃する手段としては、戦略爆撃機を侵入させて空爆するか、弾道ミサイルを撃ち込むか、工作員を潜入させて核ジャックするか、いろいろと方法が想定される。これら全ての可能性から日本にある五〇基の原発を守ろうとすると、大変な苦労を強いられることは容易に想像がつくだろう。

この場合、爆撃機一機に対応するだけでも、どこから現れるかわからない爆撃機を確実に追い払うためには、全国の航空自衛隊の基地に戦闘機を配備し、いつでもスクランブル発進できるようにスタンバイさせておく必要がある。また、弾道ミサイルに対応するためには、日本海にイージス艦を複数展開させて迎撃態勢をとり、全ての原発サイトにＰＡＣ３（パトリオット・ミサイル）を配備する必要がある。

それでも、一発も撃ち漏らさない保証はどこにもない。また、工作員の侵入を確実に防ぐこともかなり難しい。まして、攻撃目標が原発以外に広がったら、さらに手薄になるであろう。

そもそも攻撃とは相手の弱点を突くもの

他方、防衛の難しさとは裏腹に、侵略は小さな実力でも可能な場合がある。その例として、大戦終結時のどさくさに紛れてソ連が日本の南樺太（からふと）を侵攻した例や、韓国が日本の竹島を占拠した例などが挙げられよう。日本はソ連と中立条約を締結していたため、北の守りが手薄になっていた。竹島に至っては、日本が反撃能力をまったく持たない時期に攻められて不法占拠された。

守備の甘い地域を侵略するのは小さな実力でも可能であるばかりか、そもそも攻撃とは相手の弱点を突くものである。いくら自衛隊の装備が「防衛のための必要最小限度」だとしても、いま自衛隊が太平洋に浮かぶ他国の無防備で小さな島を軍事占領しようと思ったら、やってできないことはないだろう。したがって、必ずしも大きな実力は危険なもの、小さな実力は無害ということにもならない。

防御よりも攻撃が有利であることは、技術水準にも当てはまる。他国にミサイルを撃ち込むよりも、飛んでくるミサイルを迎撃するほうが高度な技術を要する。飛んでくる一〇〇発のミサイルを全て迎撃できる国はいまだない。

北朝鮮のミサイル発射実験に対応するために日本各地にＰＡＣ３が配備されたのは記憶に新しいが、守備範囲は半径二〇キロメートル程度と狭く、迎撃率は四〇％程度といわれる。もし北朝鮮が一〇〇発のミサイルを同時に撃ったとしたら、日本がこれを全て迎撃すること

防衛省（東京・市谷）の敷地内に配備されたPAC3（写真提供：AFP＝時事）

は難しいと思われる。北朝鮮が本気になって日本を攻撃してくることを想定するなら、並大抵の実力では太刀打ちできない。

このように、**他国を侵略するには大きな実力が必要であり、自国を防衛するだけなら小さな実力でよいという考えは誤りである。日本が自らの力で国を守るためには、強大な軍事力を保持しなくてはならないのであり、「必要最低限度」の蠅を追い払うほどの実力しか持てないなどと考えていたら、国を守ることなどできはしない。**日本人は国を守ることの難しさを知るべきである。まして、憲法に戦争放棄を謳うだけで平和が守られるというのは、幻想に過ぎない。

そのような理由で、自衛のための必要最小

限度の軍事力は「戦力」ではないという政府見解には、本来的な無理がある。ゆえに私は第九条を改正して、この矛盾を解消する必要があると思っている。

領土への信念を示せなかった民主党

将来にわたって、日本が独立国として存在していくためには、日本国憲法第九条の改正が不可欠である。第九条は、長年日本人の手足を縛ってきた。この呪縛は物理的・精神的の両面にわたっている。

九条によって日本は戦争を放棄し、戦力を保持せず、交戦権も持たない国になった。それにより、自衛隊は九条が保持を禁止する「戦力」には該当せず、軍隊ではないこととされ、しかも、その運用に当たっては「専守防衛」を徹底することになっている。このようなことが、日本を物理的にも、精神的にも弱体化させてきたのではないだろうか。

自衛隊が軍とされていないことの弊害は計り知れない。およそ普通の国には軍隊があり、軍人は尊敬されるものである。しかし日本では、自衛官に諸外国では当たり前とされる軍人への敬意が払われない。それどころか、自衛隊員であるというだけで冷たい視線を投げかけられることも多いという。「自衛隊があると戦争が起きる」と本気で信じている人がいまだにいるのだ。

私の知人で自衛隊員の母がいる。彼女は、息子が派遣先のペルシャ湾から帰国したとき、自衛隊の海外派遣に抗議する何者かに石を投げつけられ、顔に大けがをしたことを涙ながらに語ってくれた。日本の国益を背負って危険な任務に従事していながら、自国民から石を投げられたのでは浮かばれないだろう。

軍人が尊敬されない社会は何かがおかしい。国を守るために危険な職務に就いている人が尊敬されない国が、果たして正常な国といえるだろうか。国防あっての国民生活ではないか。日本国民は、日本国が存在していることの恩恵を日々受け続けている。国家の独立があって、初めて日本国民としての権利が保障されることを忘れてはいけない。この問題は、自衛隊を法的に軍隊と位置付けていないことから生じていると思う。

そして、日本が専守防衛の原則を貫いてきたことも、多大なる弊害を引き起こしてきた。専守防衛とは、攻撃をされて初めて反撃する原則のことで、政府は「急迫不正の侵害」があることを反撃の条件としてきた。しかも、侵害を受けたらいかなる反撃をしてもよいというものではない。武力による反撃が許されるのは「ほかの適当な手段がない」場合に限られ、しかも、反撃の程度は「必要最小限度」とされる。

ところが、日本はこのような専守防衛を徹底してきただけでなく、本来、毅然と対応しなくてはいけない場面でそれを行なってこなかった。そのような弱腰の対応を続けてきた結果、諸外国に対して「日本は何をしても反撃してこない国」という誤ったメッセージを与えてしまったのではないか。特に中国は少しずつ間合いを詰めながら、何をしたら日本がどのような反応をするか、データを収集してきたのであろう。

中国公船が執拗に日本の領域に侵入してくるのは、主に沖縄県の尖閣諸島周辺海域である。中国は公船を日本の接続水域に侵入させることから始め、次に領海侵犯と領空侵犯に及んだ。これについて民主党政権下の日本は「断固として領土を守る」という信念を示すことができず、中国が好き勝手に振る舞うことを許してきてしまった。中国は確信を深めたに違いない。「日本は攻撃されないかぎり、絶対に自分から攻撃しない国だ」と。

しかも、民主党の岡田克也副総理（当時）の指示により、中国の公船が日本の領域に入ったら、中国を刺激しないため、日本の公船は退いて一定の距離をとるようにしていたという。本来なら海上保安庁の艦艇が近づいて警告を発するのが当然のはずだが、侵入する中国公船を避けるように航行していたのでは、何の意味もない。

そして中国は平成二十五年になって、ついに自衛隊の艦艇に射撃管制用のレーダーを照射するという暴挙に及んだ。世界の常識によれば、レーダー照射を受けたら次の瞬間にはミサイルが飛んでくると考えられている。

もし中国の軍艦が米国の軍艦に同じようにレーダーを照射したら、中国の軍艦は瞬時に沈められていたといわれる。中国はこのときも「自衛隊はレーダー照射されても反撃してこない」という新たな情報を得た。しかも、中国は公の海洋調査船を尖閣周辺に展開し始めた。とにかく、やりたい放題である。

求められるのは「和の外交」である

安倍政権になってからは、中国と韓国に対して、日本は毅然とした対応をするようになったが、長年、専守防衛に固執して、何をされても反撃一つせずにただ黙りこくっていた日本は、周辺諸国の草刈り場のようになっていたように思われる。このままでは、北方四島と竹島は永遠に返還されず、尖閣諸島・対馬・沖ノ鳥島をはじめとする日本の島々が、いつ侵略の憂き目に遭うかもしれない。

弱腰外交で日本を守ることができるならば、それでもよいだろう。しかし、弱腰外交は戦争への近道であることを知っておく必要がある。もし日本が今後も領土に関して弱腰の対応を続けたなら、中国はさらに間合いを詰めてきて、ついに武装した民兵が尖閣に上陸し、それを応援もしくは保護するかたちで軍人も上陸してくることになる。そうなったら、本当に戦争になってしまう。

戦争を回避するためには、段階に応じて適切に反応することが肝要である。何をされても黙っていては、国を守ることにはならない。あらかじめ守る領域を決めておき、もしそれが侵されたら初期の段階で曳光弾を発射するなどの厳しい警告を与え、それでも侵入してきた場合は、先方の攻撃を待たずに威嚇射撃から始まる一連の実力行使に踏み切るとの意思表示をすべきである。そのような領土を守る強い意志が示されれば、諸外国はそれ以上間合いを詰めてくることはできなくなる。

もちろん、中国の軍艦にも国際法上、日本の領海を無害で通航する権利は認められているため、国際法違反がないかぎり、中国の軍艦に威嚇や実力行使をすることができないのは当然である。

よく外交は「タカ派」と「ハト派」に分類される。タカ派は強硬派、ハト派は穏健派といったところだろうか。たとえば、靖国参拝によって中韓を牽制した小泉純一郎総理をタカ派、対して友愛を訴え「日本は日本人だけのものではない」と発言した鳩山由紀夫総理をハト派として認識している人も多いと思う。もしハト派が和の精神を体現していると考える人がいたとしたら、それは大間違いである。

これについて、中国の孔子がわかりやすい言葉を遺している。孔子いわく、「和」とは自己の主体性を保ったまま他者と協調すること、「同」とは自己の主体性を失って他者と協調することで、「和」と「同」は似て非なるものだと説く。他者と協調する点は共通だが、「和」は自己の主体性を保ちながらこれを行なう点が「同」と異なる。鳩山総理の外交は「同」であって、決して「和」ではない。何をされてもニコニコして受け入れ続ける態度は、「和」とかけ離れたものである。

では、「和の外交」とはどのようなものだろう。聖徳太子は「和を以て貴しと為す」の十七条憲法で知られるが、弱腰の外交ではなく、むしろ隋に対して強硬姿勢をとった。聖徳太子は遣隋使派遣に当たり、小野妹子に「日出ずる処の天子、書を日没する処の天子に致す」で書き始めた書を持たせたことは誰もが知るところだ。中国側の記録によると、これを読んだ隋の煬帝は激怒したと伝えられている。

中国帝国の周辺諸国は、朝貢して冊封を受けるのが従来の習わしだったが、日本は朝貢をすれども冊封を受けないという対等な付き合いを求めた。日本が中国の冊封体制に入らずに独立を保ったことは、その後の日本を大きく発展させた。

和の外交とは、普段は穏やかに友好を築きながらも、守るべきものは断固として守り通すものであって、両方を並立させることはかなり難しい。つまり、言われるがままに譲り続けても、また強硬路線を貫いて戦争になっても、それらはいずれも和の外交とは言い難い。両方のバランスをとるのは至難の業であって、これこそが外交の真髄であろう。

したがって、表面的な強硬と穏健でタカ派とハト派に分類すること自体が不適切ではなかろうか。外交は「和」と「同」で分類しなくてはならない。国民は正しい意味における和の外交を政治家に求めていかなくてはいけないのではないか。そして、**本当の和の外交を行なうためには、私は九条を改正し、日本人が精神的呪縛から解放されなくてはならないと考える。**

非常事態が想定されていない日本国憲法

これまで憲法改正の本丸というべき憲法第九条が、物理面だけでなく精神面にまで深く弊害を及ぼしていることを述べてきた。他方、日本の憲法には、常識的には絶対に書かれていなければいけないことが、欠落している点がある。それが非常（緊急）事態条項である。九条とともに国防に直結する重大事であり、非常事態条項がないことの弊害も計り難い。

非常事態条項は通常、憲法に書かれるもので、外国の軍事攻撃を受けた場合や、大規模な災害が起きたときなどの非常事態に発動される。これが発動されると、大統領や首相に権限が集中し、必要に応じて人権が停止される。つまり、三権の分立による平時の憲法体制の一部または全部を一時中断することを意味する。そして、非常事態宣言の目的は、速やかに非常事態を収束させ、平時の憲法体制に戻すことである。

したがって、憲法には非常事態宣言を発令させる要件を記すだけでなく、これによって生じた損害を国家が賠償することや、事態が収拾したら内閣がいったん総辞職をして、国民の審判を仰ぐことなどを記しておく必要がある。

では、普通の国の憲法に書かれていることがなぜ日本の憲法には書かれていないのだろう。それは、非常事態では独裁体制になるため、連合国が日本の憲法に非常事態条項を書くことを嫌ったためであると思われる。そこには、日本を二度と独裁体制にさせないという、日本に対する強い警戒心があったのだろう。

また、国内では、日本国憲法は第九条で戦争を放棄しているため、戦争は起きないから非常事態について想定する必要がないという理解が定着してしまっていたように思われる。いくら日本が戦争を放棄していても、外国の軍隊が攻めてくれば戦争になるし、大規模な自然災害は防ごうとして防げるものでもない。私たちは東日本大震災を経験することで、この当たり前のことに気付くことができた。

もし憲法に非常事態条項が書いていなければどうなるだろうか。非常事態が生じた場合に次の二つの可能性が考えられるであろう。一つは、憲法体制を維持したまま非常事態の収束を目指す。そしてもう一つは、憲法に書かれていないにもかかわらず、実質的に憲法体制を中断させる。

この二つはいずれも問題である。非常事態であるにもかかわらず、平時の憲法体制を維持しようとすると、非常事態を収束させることは難しい。憲法に緊急事態条項が明記されていないことが原因で、東日本大震災では助けられる命を助けることができず、被害が拡大してしまった。この震災は緊急事態そのものであるにもかかわらず、平時の法律がそのまま適用されたため、人命救助や救援に大きな支障が生じたのだ。

普通の国は大災害が起きると、緊急事態宣言が出され、法律を一時停止する措置がとられる。そうすると、法律の規制に囚われず、現場で人命救助を最優先し、復旧に必要な作業を行なうことができるようになる。

たとえば、東日本大震災では次のような問題が生じた。法律上、自衛隊の災害派遣は、自治体の首長が派遣の要請をする必要がある。しかし、南三陸町のように、庁舎が津波に飲み込まれ、しばらく首長の安否が確認できないような自治体もあった。首長の安否すらわからない状況で、どのように自衛隊の救援要請が出せるというのか。法的な手続き上の問題で、救助できないほど悲しいことはない。法律は、庁舎が津波に飲まれてしまうような事態をまったく想定していなかった。結局、自治体からの要請なくして自衛隊は救助に入ることができず、助けられたはずの多くの命が失われた。

ロシアが北海道に侵攻したらどうなる？

東日本大震災では憲法体制を維持したまま非常事態の収束を目指したが、将来日本にもっと深刻な事態が生じたら、実質的に憲法停止が行なわれるかもしれない。たとえば、北朝鮮が核ミサイルを何十発も日本に撃ち込んだ場合などである。そのうちの数発でも着弾したら、国民全員の生命が脅かされる事態であって、法律など守っている場合ではなくなってしまう。そうしたら、なし崩し的に憲法が停止される可能性がある。

あらかじめ憲法に非常事態条項が明記されていれば、その条項に従って粛々と問題を処理していき、非常事態が収束したら速やかに元の憲法体制に戻すことができる。ところが、**もし非常事態条項がないにもかかわらず憲法停止に至った場合、憲法がコントロールできない、本物の独裁体制ができてしまう可能性がある。**そしてそれは、実質的には憲法体制の崩壊を意味する。

つまり非常事態条項は、憲法を停止することで憲法を守る機能なのだ。最後に憲法を守るのはこの条項であり、憲法に記しておかなくてはならないと私は思う。

憲法に非常事態条項がないことは、第九条と同じく、多くの弊害を生んできた。その筆頭は、非常事態を想定しないことで、国民が本当に非常事態は起きないものと勘違いをしてしまったことであろう。

想定しなくても、起きるものは起きる。想定して起きるより、想定しなくて起きたほうが、よほど深刻な事態に陥ることはすでに述べてきたとおりだ。その良い例が福島第一原発の事故である。わが国には「原発は安全で絶対に事故は起きない」という大前提があり、それゆえに、政府は事故が起きた場合を想定せず、原発事故による避難計画すら策定していなかった。

戦争を想定していない国が戦争に巻き込まれたら、いったいどうなるだろう。たとえばロシアが北海道に侵攻したとしよう。もし日本が憲法体制を維持したままこれに応戦するとなると、かなりおかしな防衛戦争になりそうだ。

まず、日本は戦争を想定していないので、軍を持っていない。そのため戦時における軍関係車両の優先権がない。ということは、車検を取った車両しか公道を走ることができず、しかも出撃した戦車部隊は赤信号で停止しなくてはいけないことになる。

この矛盾を解消するために考え出された苦肉の策が、パトカーが先導すれば赤信号は通過できるというものだった。しかし想像するとあまりにおかしな光景ではあるまいか。戦車部隊を先導するパトカーには、何の防御能力も攻撃能力もない。そして、それを運転する警察官は、拳銃しか持てない文民である。戦闘の先陣を切るのが丸腰の警察官だとは、これほど奇天烈（きてれつ）な話があるだろうか。

また、世界中で戦車にブレーキランプとウィンカーが装着されているのは、日本の自衛隊だけである。なぜなら戦車も車検を取らなければ公道を走れないため、自ずとブレーキランプなどが取り付けられるという。これでは自ら敵に居場所を知らせているようなものである。

平時の法律のままで外国の軍隊を迎え撃つことが不可能であることが、おわかりいただけただろうか。だから、非常事態条項は憲法に盛り込まなくてはならない。

ならば九条をどう書き換えるのか

これまで現行憲法の抱える問題のうち、特に第九条の戦争放棄と、非常事態条項について検討してきた。では、九条はどのように書き換えたらよいのだろう。

私は次のように考える。日本は侵略戦争を放棄したが、自衛戦争は放棄していないこと、そして、外国の軍隊の侵略から国を守るために軍を持つことを明記すればよい。そして、海外派兵と集団的自衛権の行使については、あらかじめ憲法にその条件の大枠を規定しておくべきだと思う。

しかし、自衛戦争のための軍隊を持つのであれば、九条を改正するのが上策だが、この程度のことは政府解釈を変更することで実現させることもできる。

それは、「前項の目的を達するため」の解釈を変えるだけでよい。もう一度条文を眺めていただきたい。九条は第一項で「国権の発動たる戦争と、武力による威嚇又は武力の行使は、国際紛争を解決する手段としては、永久にこれを放棄する」とし、第二項で「前項の目的を達するため、陸海空軍その他の戦力は、これを保持しない」と規定している。

現在の政府解釈では、第九条は第一項ですでに戦力の保持を禁止しており、第二項は戦力を保持可能な例外規定ではないとしていて、「前項の目的を達するため」というのは、改めて第一項の趣旨を強調したに過ぎないと考えている。つまり、「目的」が第一項の趣旨全体にかかるという読み方である。

そこで「前項の目的を達するため」の解釈を変更して、「国際紛争を解決する手段としては戦力を保持しない」と読めばよい。これは、「目的」が「国際紛争を解決する手段」にかかるという読み方である。そうすれば、「侵略のための戦力は持たないが、自衛のための戦力は持つ」という意味になる。むしろそのように読むのが日本語の文法からして自然であろう。

しかも、「前項の目的を達するため」の文言は、大日本帝国憲法から日本国憲法への改正を議論する帝国議会で、原案に付け加えられた経緯があり、帝国憲法改正案特別委員会小委員会委員長芦田均（ひとし）の名をとって「芦田修正」と呼ばれている。ＧＨＱはこの修正により、日本が自衛軍を保持し得ることが解釈上も明瞭になった、と理解している。

ちなみに、芦田修正に激怒した極東委員会の中国代表は、「変更を加えられた第九条は、日本の軍国主義者が世界を欺（あざむ）くためのからくりである」「日本は、完全に軍事力を放棄していると世界に思わせておいて、実際には、憲法条文の修正によって作られた抜け道を使い、国家の再武装計画を立てているのだ」と主張したとされる。

政府が当時のGHQや極東委員会中国代表と同じ見解に立てば、現行憲法のままで日本は自衛のための軍を保持することができるようになるはずである。

とはいえ、九条はひっかけ問題のようなわかりにくい表現であるから、憲法を改正して、自衛のために軍を保持することを明記すべきであろう。ただし、政府見解の変更だけなら閣議決定で可能であるから、まずは政府解釈を上記のように変更し、そのうえで条文改正を模索するほうが、自衛隊の国軍化を早めることになる。

また、九条の精神的呪縛により、戦後日本人は、自分たちの手で自分たちの国を守るという意識を完全に失ってしまった。しかも、平和であることが当たり前と思い込み、国の独立に感謝の気持ちを抱かなくなってしまった。それを思えば、たんに解釈変更だけで乗り切るのではなく、国民的議論を経て第九条を改正することは、私たちが精神的に自立するために、避けては通れない道であると思う。

謝らなくてもよいものに謝らない日本へ

では、第九条を改正すると、何がどのように変わるのだろうか。九条の改正は、自衛戦争のための軍の保持を可能にすることが趣旨だが、それは、いままで「戦争は起きないもの」という発想だった日本人が、「戦争は起きるかもしれないもの」という発想に意識を転換させるものになるのではないか。

この意識の転換により、日本人が自立の意識を持つことになり、自分たちのことを自分たちの頭で考えて実行するようになると思う。これまで日本人は、この当たり前のことができなかった。

戦争が終わって七十年近く経過しているにもかかわらず、日本人は、戦争を始めたことに対する罪の意識を自らに植え付けてきた。その権化（ごんげ）ともいえるものが第九条ではなかろうか。九条を改正することで、日本人が戦後抱いてきた自虐史観から脱却することができると私は考えている。**戦後レジームからの脱却とは、すなわち、第九条の改正により実現できると思う。**

それにより、謝罪を繰り返してきた日本の愚かな外交にも終止符が打たれることだろう。九条を改正したあとの日本は、もうすでに謝罪と賠償が済んだ問題について、いつまでも謝り続けることはしないし、謝らなくてよいものに謝ることはしなくなるだろう。

九条改正によって集団的自衛権の行使が認められるようになれば、日米関係も大きく変化することになる。これまで日米は「日本が外国から攻められたら、米軍が守ってくれるが、米国が外国から攻められても日本は助けない」という歪(いびつ)な関係だった。しかし、集団的自衛権の行使が可能となれば、米国が外国から攻められたら、日本は米軍を助けることが可能になる。

これによって、日米関係は「日本はアメリカさまに守っていただく」という関係から脱却し、お互いが真の独立国として支え合う、本当の意味で対等な同盟国となる。親分子分の関係から、親友同士の関係に変化するのだ。これは、極めて大きな変化であると言わざるをえない。

そしてこのことは日本人として、相当の覚悟をもって臨まなくてはいけない。同盟国アメリカが攻められたとき、果たして命を賭してその同盟国を守る気概があるだろうか。日本人の覚悟が問われているのだ。

第六章 中国は敬して遠ざけよ

中華王朝は世界最大の経済大国だった

第五章では、憲法第九条が日本人をダメにしてきたことを述べ、九条を変えることで日本人は自虐史観の呪縛から解き放たれ、謝罪外交に終止符を打ち、そして自立への道を歩み始めるのではないかと記した。

だが、国の安全保障を考えるに当たり、日中問題と日韓問題を具体的に検討しないわけにはいかない。近年、日中関係と日韓関係は急速に変化しつつあり、戸惑いを覚える国民も多いだろう。

特に中国は猛烈な勢いで膨張を続けていて、不気味に感じる人も多いのではないか。また、韓国についても、国を挙げて日本の歴史認識を糾弾する行動に出ているため、日本が欧米から誤解を受ける危険性が高まっている。いずれも、日本の国益に直結する大問題であり、放置はできない。にもかかわらず、中国・韓国とどのような付き合いをすればよいか、明確な意見を述べる識者は少ない。

そこで第六章では、中国について、歴史を繙（ひもと）いて見えてくる適切な距離を検討し、将来の中国経済の展望を分析する。

中国といえば、近年国内総生産（ＧＤＰ）が日本を抜いて世界第二位の経済大国になったが、それまでは発展途上国のイメージがあっただけでなく、いまでも二酸化炭素排出を議論する国際会議などで、都合のよいときには自らを「発展途上国」と称している。

だが、興亡を繰り返した中華王朝は古代から清朝までの二千年もの間、ＧＤＰの世界トップを占有し続け、揺るぎない大国の地位にあったことは、いまではあまり意識されることはない。

先土器時代から縄文時代の中期ごろ（約三千五百年前）にかけて、中国大陸よりも日本列島のほうが先進していたことは、磨製石器と土器で日本が先行していたことから確認できる。しかし、その後の中国大陸では技術革新が起こって経済を発展させ、世界の先進国の地位におよそ三千年以上君臨してきたのだった。

日清戦争で日本が戦いを挑んだ国は、世界のＧＤＰの約三分の一を占める超大国で、当時の清のＧＤＰは日本の数倍あったといわれ、人口も四億人を突破していたと推計されている。ゆえに、日清戦争の勝利は、何倍もの経済大国かつ軍事大国だった清を日本が負かしたことに大きな意義があった。

ところが、超大国の清は欧米列強の侵入と財政の悪化、そして軍閥の台頭などによって急速に弱体化し、一九一二年の辛亥革命で滅亡し、中華民国が成立した。他方、日本は慶応三年（一八六七）に大政奉還と王政復古の大号令を経て、文明開化によって「富国強兵」を国是とするようになり、交易の利潤によって急速に国力を増強していった。

その結果、第一次大戦後に締結されたヴェルサイユ条約の結果に不満を抱いた中国大陸の民衆の間で、抗日・反帝国主義を掲げる「五・四運動」が起きた大正八年（一九一九）ごろ、日本が中国のGDPを抜いたのである。これは**約三千四百年ぶりの逆転劇**だった。

このときの日本の急成長は人類の奇跡といってもよい。ペリー来航によって、圧倒的な軍事力を前に腰砕けになってしまった日本だったが、先述のヴェルサイユ条約締結を経て国際連盟が成立すると、日本は四カ国の常任理事国のうちの一席を占めることになる。米国は国際連盟に加盟しなかったため、常任理事国に米国を加えた五カ国が事実上の五大国で、日本は経済力・軍事力ともに、世界の五強に加わったことを意味する。少なくとも近代以降の歴史において、列強と弱小国は固定化していて、弱小国が列強にのし上がった例は日本以外にない。これが「奇跡」と述べたゆえんである。

しかし、先の大戦により日本の経済は完膚なきまでに叩き潰されてしまった。これにより、日中のGDPは再び逆転し、一九四九年に中華人民共和国が成立した時点では、中国の

日本と中国の経済力を比較したイメージ図（GDP）

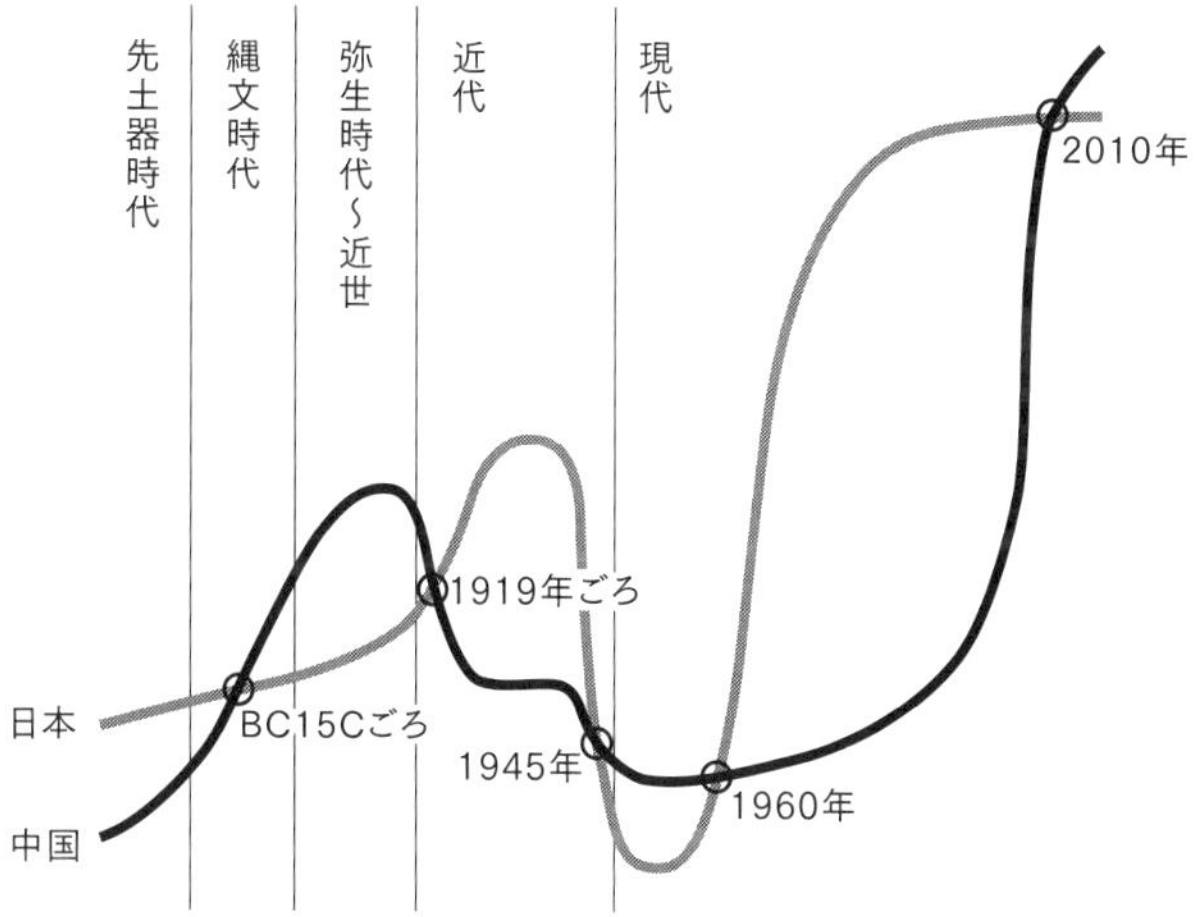

注：縮尺は正確ではない

ＧＤＰは日本の二倍程度になっていた。歴代王朝を含む中国が経済力で日本をリードするのは、これで二回目となった。

ところが、日本は再び急成長を遂げ、一九六〇年ごろ、中国のＧＤＰを追い抜いた。その後も日本の快進撃は続き、六六年にフランス、六七年に英国、六八年にドイツをそれぞれ追い抜き、米国、ソ連に次ぐ世界第三位の経済大国に躍進し、その後、ソ連をも凌駕して二位の座に就いた。経済大国に復帰した日本と中国のＧＤＰは一時、八・五倍程度の開きがあった。一度大国の座から転がり落ちて再びその地位に返り咲いた国は、世界の歴史上、日本しか例がない（中国は国としての連続性がないため、これに含めない）。日本は二度、人類史に残る奇跡を起こしたといえよう。

その後、日本は成長率を鈍化させ、安定期に入ったが、他方で中国は徐々に成長率を高めていき、高度経済成長期に突入する。そして迎えた平成二十二年（二〇一〇）、中国は日本のGDPを抜いた。これで中国が経済力で日本をリードするのは三回目となった。

このように、**中国（王朝を含む）と日本は文明の成立から五回、また近代以降だけでも四回も抜きつ抜かれつを繰り返し、いまに至る**。日本は海を挟んで中国大陸のすぐ東に位置するため、大国である中国とまったく無関係であることは難しい。日本は大陸から多くのことを学び、また大陸に多くのことを教えてきた。日中関係を考えるうえで、よきにつけ悪しきにつけ、日本はつねに中国の影響を受けつつ、また影響を与えてきたことを念頭に置いておく必要があるだろう（日本が大量の漢語を中国に輸出したことなどは拙著『日本はなぜ世界でいちばん人気があるのか』を参照されたい）。

中華帝国と親密な国ほど早く滅びる

こういった歴代中華王朝の威光は、長らく周辺諸国を引き付けてきた。中華王朝は多くの国の朝貢を受け入れ、その対価として官位・爵位と財貨を与えた。これを「冊封体制」という。だが、中華の冊封体制に組み込まれ、中華王朝と親密になった国ほど早く滅びてきたのが歴史の事実である。中華帝国におんぶに抱っこの国は、帝国への依存を強め、少しの環境の変化によって簡単に滅びてしまうのだ。

その理由は、冊封を受ける国の状態を知れば理解できるはずだ。冊封を受けた国は、中華王朝の定めた律令を使えばよいので、自前の律令をこしらえる必要がない。暦も同様である。したがって冊封を受ける国は、法学や天文学をはじめとする学問を積み上げる必要がないため、文化の発展も望めない。

中華王朝の冊封を受ける国が早く弱体化することは、軍事面を考慮すればより鮮明になるだろう。冊封を受ける国は、大帝国の後ろ盾を持ち、いざというときに中華王朝が守ってくれるという安心感がある。朝貢して冊封を受けることは、中華王朝と主従関係を結ぶことであって、これは弱小国が大国の強大な軍事力の傘の下に守られる安全保障体制に組み込まれることを意味する。冊封を受けつつ強い軍隊を持てば、それこそ宗主国から煙たがられることになるだろう。

したがって、冊封を受ける国は、文化的に独自に発展することが難しいだけでなく、自国を自力で防衛することができなくなることは、容易に想像がつく。冊封を受けると国の自立性は失われるのだ。このことにいち早く気付いた国が日本だった。第二一代雄略天皇である。

雄略天皇は、戦略的に中華王朝と距離をとった最初の天皇だった。日本は三世紀から中華王朝に朝貢をして、官位や爵位などを受けていたとされるが、雄略天皇は四七八年に宋に朝貢して冊封を受けたのを最後に、朝貢を中断する。日本が本格的に文化的発展を遂げるようになったのは、それからのことだ。冊封体制から脱却した日本は、日本独自の道を歩むことになった。

以来、日本は中国大陸と交通がなかったが、六〇〇年になって中華王朝に朝貢を再開した。第三三代推古天皇の時代である。摂政の地位にあった聖徳太子は、隋に第一次遣隋使を派遣した。日本が中華王朝に朝貢したのは、実に百二十二年ぶりのことだった。

ところが、六〇七年の第二次遣隋使の派遣にあたり、日本は「朝貢すれども冊封は受けず」という態度をとった。推古天皇が隋の煬帝に宛てた国書はあまりに有名である。

「日出づる処の天子、書を日没する処の天子に致す。恙無きや」

推古天皇と煬帝を対等に表現した国書を目にした煬帝が激怒したことは、隋の正史『隋書』が記している。これまで中華王朝に朝貢をしておいて、冊封を受けない国など先例がなかった。

聖徳太子が遣隋使を派遣した目的は、先進文化を摂取することだった。日本は雄略天皇の時代から中国大陸との付き合いを停止し、独自の文化路線をとったが、最先進国である隋の先進文化は魅力的だった。しかし、だからといって冊封を受けて隋の属国にはなりたくない。この二つを両立させる手法が「朝貢すれども冊封を受けず」の態度だったのである。

しかし、そのような態度をとり続けるためには、国力が必要だった。聖徳太子は日本の存続のためには先進文化の摂取が必要で、それでも冊封を受けずに中華帝国と対等の地位を保って独自路線を歩むには、中央集権の律令国家を築き、独立を維持することが可能な国力を持たなくてはいけないと考えた。

そして日本は、自ら律令と暦を整備して、独自の元号を制定し、律令国家を完成させていく。これにより、日本は中華王朝の先進文化を取り込みつつ、主従関係を結ぶことなく、完全なる独立を保ち続けることができた。自立した国家は簡単には傾かない。中国の周辺諸国が興亡を繰り返すなか、日本だけは国を保ち続け、現在に至る。中華帝国と距離をおいて自立への道を歩んだことが、それを可能にした要因の一つであろう。日本が中華王朝と距離をとったことで安定発展したことは、拙著『日本人はなぜ日本のことを知らないのか』第五章に詳細を記したので参照されたい。

なぜ中国は尖閣をほしがるのか

さて、日本と中国の歴史的な関係について述べてきたが、ここから先は、現実の日中関係の話に入っていきたい。現在、日本と中国の間にはさまざまな問題がある。その筆頭はやはり尖閣問題であろう。

尖閣問題が発端となり、反日暴動に発展したことは記憶に新しい。また中国軍艦艇によるレーダー照射事件が起きたほか、中国公船が領海を侵犯することが常態化しているだけでなく、中国は海洋調査船を日本の領海に派遣するようになった。中国人民の反日感情と日本国民の反中感情は悪化するばかりで、解決の糸口すら見えないのが現状である。日中関係についてはそれだけで何冊も本が書けてしまうほど難しい問題だが、本書では、先述の日中関係の歴史を踏まえたうえで、現在の日中問題の本質に絞って論じていきたい。

まず尖閣諸島の重要性について述べる。識者とされる人のなかにも「尖閣など中国にあげればいい」「喧嘩（けんか）両成敗で日中の共同管理にすればいい」などと発言する人もいる。尖閣を軽視するのは、その小ささと、本州からの遠さゆえのことのようだ。しかし、いくら小さくても、遠くても、日本の領土であることの重要性にはなんら影響はない。むしろ、小さいがゆえに手をかけて守らなくてはならず、また遠いがゆえに守りにくい場所にあって、より手をかけなければ守ることができない。

なぜ中国は尖閣諸島に固執するのか。主に二つの理由があると思われる。一つは地下に眠るとされる資源。もう一つは地政学上の重要性だ。たしかに経済成長の真っ只中にある中国にとって、資源の確保は重要に違いない。しかし、資源に関しては尖閣を奪取できなくてもほかで穴埋め可能だが、地政学上の場所は代替できない特別な価値がある。**私は中国が尖閣を求める最大の理由は「太平洋への出入り口の確保」にあると見る。**

手許に日本周辺の地図がある人は、一三五度左（北を左下）に回転させて眺めてほしい。手前に中国がくるように置いて中国の視点で地図を眺めると、中国にとって非常に邪魔に思える列島がある。それが日本列島↓台湾↓フィリピンにつながる線で「第一列島線」と呼ばれる。

中国軍艦艇が太平洋に出ようにも、大陸のすぐ目の前に阻むようにして立ちふさがる列島があるため、艦艇の行動が著しく制限される。日本列島の要所には世界最強の軍である米軍が駐留していて、日本全土は世界第二位の軍隊である自衛隊によって守り固められている。しかも、中国の目と鼻の先にある那覇に米軍が陣を張っているのは中国にとってうっとうしいかぎりであろう。そのうえ、沖縄のすぐ先にあるのは中国と戦争中の台湾で、その先には、フィリピン諸島からマレーシアのボルネオ島まで、中国にとっては太平洋への出入り口がない状態にある。

もし中国が尖閣諸島を実効支配することに成功すれば、必ず軍事施設を置くだろう。おそらく中国は尖閣に周辺を監視するためのレーダーと、太平洋に出入りする中国軍艦艇を守るための対艦対空ミサイルを設置する。そうなれば第一列島線の一部の制海権と制空権を手中に収めることになり、それは太平洋への出入り口を確保することを意味する。

地政学上これほど重要な場所であるため、もし中国が一度でも実効支配することになれば、絶対にその地位を日本に譲ることはない。したがって、日本はなんとしても中国軍や中国民兵の尖閣上陸を許してはいけない。一度実効支配を解いてしまったら、それを取り戻すことが困難であることは竹島と北方領土で経験しているはずだ。

そして、尖閣が中国の手に落ちたら、米空母が西太平洋で活動することが困難になる。なぜなら、空母は潜水艦が潜航している可能性がある水域に入ることはないからだ。そうなれば、米軍の軍事的優位性は著しく損なわれることになる。

中国軍が世界最強の軍隊になる日

クリントン米国務長官（当時）は、中国と南シナ海の領有権問題を協議したときに、中国側が「ハワイ（の領有権）を主張することもできる」と発言したことを明らかにしている。これに対してクリントン長官は「やってみてください。われわれは仲裁機関で領有権を証明する。これこそ、あなた方に求める対応だ」と応じたという。

また、米国太平洋軍のキーティング司令官（当時）が二〇〇七年に訪中したとき、中国海軍幹部から「ハワイより東を米軍、西を中国軍が管理しよう」と持ちかけられたと証言していることから、中国がハワイの領有権を意識していることは、あながち冗談ではなさそうだ。

中国側のハワイ発言に鑑（かんが）みれば、中国は尖閣を手に入れた次は、確実に沖縄の領有権を狙ってくるだろう。それを裏付ける動きがある。中国共産党の機関紙である『人民日報』は二

○一三年五月八日付で「论《马关条约》与钓鱼岛问题（馬関条約と釣魚島問題を論じる）」と題する論文を掲載した。同論文は政府系の中国社会科学院の研究員らが執筆したもので、沖縄県の帰属は「歴史上の懸案であり、未解決の問題だ」とし、「問題を再び議論できるときが来た」と述べている。

これは研究員らの論文であるも、『人民日報』は歴（れっき）とした党機関紙であり、党の考えとまったく異なる論文をわざわざ掲載するとは考えにくい。しかも『人民日報』傘下の『環球時報』は三日後の五月十一日付の社説で、沖縄の独立勢力を育成すべきことを中国政府に提案するという、さらに一歩踏み込んだ記事を掲載した。

この社説は「日本が最終的に中国と敵対する道を選んだ場合は、中国は従来の政府の立場を変更し、琉球（沖縄）問題を歴史的な未解決の懸案として再び提出しなければならない」と主張し、この問題で日本に圧力を加える三つの手順を示した。

第一に「琉球問題に関する民間レベルの研究と討論を開放して、日本が琉球を不法占拠した歴史を世界に広く周知させる」こと。第二に「中国政府が琉球問題に関する立場を正式に変更し、国際会議などで問題を提起する」こと。第三に、それでも日本政府が中国と敵対する姿勢を変えない場合は「琉球国の復活を目指す組織を中国が育成し、支持すべきである」

とし、「二十年から三十年が経過すれば、中国の実力は強大になる。これは決して幻想ではない」と述べている。

この社説で語られたことは、中国共産党幹部の本音ではなかろうか。成長率が鈍化しているとはいえ、いまだ中国は高度経済成長のなかにいる。習近平主席は、胡錦濤主席（当時）が第一八回党大会で掲げた、二〇二〇年のGDPと一人当たり国民所得を二〇一〇年の二倍に増やす目標を継承していて、この目標の実現のために年七％の成長を持続していくつもりでいる。たしかに七％の成長を十年続けると、約二倍になる計算だ。これが、習近平主席が口癖のように唱えている「中華民族の復興」「中国の夢」ということなのだろう。具体的には中国が米国を抜いて百数十年ぶりに世界一の経済大国に返り咲くことを意味すると思われる。

たとえ七％の成長を維持することが無理であり、二〜三％程度の成長に落ち着いたとしても、その水準を維持していれば二十年から三十年の間にはGDPは確実に倍増し、米国を追い抜く。このことが、尖閣問題の本質、すなわち中国問題の本質なのではなかろうか。

中国が現在の二倍の経済力を手に入れたなら、米国が財政難のため米軍の予算を今後長期的に削減させることを考慮すると、そう遠くない将来、中国軍は米軍を抜いて世界最強の軍隊になると見なければならない。

経済成長の妨害を水面下で進めよ

外交とは軍事力を背景にして初めて意味を成すものである。中国が世界最強の軍隊を背景に外交をし始めたらどうなるか、予想することはたやすい。民間人を保護する名目で中国の部隊が尖閣に上陸するなどして、尖閣をそのまま実効支配するだけでなく、その触手を沖縄にまで伸ばすのではあるまいか。

もし中国がしっかり機能する空母を三隻備えたなら、尖閣周辺に空母艦隊を停泊させるだけで、一発のミサイルが飛び交うことなく尖閣は中国のものになってしまう。中国が尖閣に空軍基地を置くのと同じ効果があるからだ。ちなみに空母は一隻では機能しない。整備を必要とするため交代しなければならないからだ。もし中国が空母艦隊を差し向けてきたなら、自衛隊が艦隊を蹴散らすことができないかぎり、尖閣が奪取されることは免れない。

いま中国がそれをやらないのには理由がある。それは、いま日本と戦ったら負けるからである。中国は孫子の兵法の国で、勝ち目のない戦争を始めるほど愚かではない。中国は最強の軍隊を持つまで、戦端を開くことはないだろう。

中国の空母「遼寧」(Photoshot/PANA)

そして、自衛隊の実力が中国軍の実力を下回ったときに、もし日本がいまだ憲法第九条の呪縛のなかにあり、日米同盟に多少なりとも綻びが生じていたならば、中国による尖閣奪取が現実のものになると私は見る。

中国の軍拡を支えるのは中国経済であり、中国の経済成長こそが尖閣問題、ひいては中国問題の核心であると断言する。中国の経済成長の恩恵に与ろうとする日本企業は多いが、日本としてはそれに便乗して利益を貪るのではなく、本当は中国が経済成長しないための妨害工作を、国策として水面下で進めなくてはならないのだ。

『環球時報』が沖縄の領有について「二十年から三十年が経過すれば、中国の実力は強大になる。これは決して幻想ではない」と述べたのは、ある意味では冷静で現実的な意見ではあるまいか。しばらくこのまま静かにしていれば、やがて中国の軍事力は米国を抜くのだから、それから動いても遅くはないし、そのときは尖閣だけでなく沖縄までも簡単に手中に収められるという魂胆であろう。

兵法「遠きと交わり近きを攻める」に学ぶ

二〇一二年十一月に発表された経済協力開発機構（ＯＥＣＤ）の世界経済予測によると、日本経済が世界経済に占める割合が急速に下落する一方、中国とインドがそれぞれ米国を抜くという。また、中国のＧＤＰは二〇一六年前後には米国を抜いてトップになるとも分析されている（『朝日新聞』平成二十四年十一月十日付）。

そして気になるのが中国の国防費だが、慶應義塾大学の神保謙准教授は、早くも二〇二五年には中国の国防費が米国を抜く可能性があると述べている。しかも、二〇三〇年には中国の国防費は日本の防衛費の約九倍から約一三倍になる可能性を予想し、「米国から離れて日本が独自に中国と対抗しようとしても、それがいかに無謀なことかを数字は示している」と指摘している（『産経新聞』平成二十五年一月一日付）。もちろん国防費だけが戦力を比較する指標になるわけではないが、大きな傾向を摑む（つか）ことはできるだろう。

また、未来予測が全て的中するわけでもない。しかし、今後中国は猛烈な勢いで軍拡することは間違いがない。そして、**どうやら米軍を抜いて世界最強の軍隊になることも、ほぼ確実だと思われる。であるならば、日米同盟を強化することが、わが国の生きる道になろう。**中国が日本の軍事力を凌駕することは時間の問題としても、日本と米国を合わせた軍事力を追い抜くにはさらに時間を要するからだ。

また、日台関係の強化も国防に大きく寄与する。中国が台湾を攻めない理由も、台湾が中国の侵略を阻止できるだけの軍事力を持っているからにほかならない。もし台湾が軍を持っていなければ、とっくに中国の占領を許していただろう。中国と台湾は厳密には戦争中である。台湾は少なくとも現状において一カ国で中国と対峙しているのだから、日本が台湾と密接になることは、地政学的な意味合いもあって、中国にとっては大きな脅威となる。

そして、見過ごせないのが、中国とともに米国を追い抜くとされるインドではなかろうか。インドも中国同様に米軍を凌ぐ軍隊を持つ可能性がある。インドもカシミールの領有権をめぐって中国と対立する関係にあり、日本とインドの連携も中国の忌諱（きい）するところである。

膨張する中国を眺めていると、世界中が中国に呑み込まれてしまうのではないかという危機感すら覚えるが、安心してほしい。中国とて限界はある。そしてその限界はもう見え始めている。国が成長し続けるには、それを支える物的・人的資源が必要であり、それらの資源の量を見れば、経済成長の限界を逆算することができる。

中央情報局（ＣＩＡ）など米国の情報機関を統括する「国家情報会議」が四年毎に公表している報告「世界潮流（グローバル・トレンド）二〇三〇」は、中国について次のように予測している。

中国は二〇二〇年代には経済力で米国を追い抜き、二〇三〇年のＧＤＰは日本の二・四倍になるとしつつも、二〇一六年をピークに労働人口が減少することなどから「三〇年までには、現在の高成長は遠い昔の記憶となるだろう」としている（『朝日新聞』平成二十四年十二月十一日付）。中国の経済成長も、決して永遠に続くものではないところが重要である。

中国の「一人っ子政策」は有名だが、この政策の影響で、中国は今後、人類がこれまで経験したことのない猛烈な勢いで少子高齢化社会に移行する。そして、中国の経済成長下における労働人口の急速な減少は、賃金を高騰させ、それは「世界の工場」としての中国を終わらせることになるだろう。

中国のビジネス・モデルは外国から部品を仕入れて、国内で組み立て、それを世界に輸出するというもので、圧倒的に安い人件費がその前提になっている。今後、中国が内需拡大型の経済に移行することができるか、それが重大な鍵になる。

中国では、産業を支える十五歳から三十九歳の若年労働人口がすでに減少傾向にある。米統計局国際人口データベースによると、中国ではここ五年で若年労働人口が約三三〇〇万人減少した一方で、産業界の雇用は約三〇〇〇万人増加したという（『フジサンケイ ビジネスアイ』平成二十五年四月五日付）。それが近年の賃金高騰の原因であることは容易に想像がつく。

膨張する中国から日本を守るためには、中国が衰退するまでの間、日米同盟を強化して、台湾やインドをはじめとするアジアの国々と連携を保ちつつ、中国包囲網を形成することが肝要だ。ここは「遠きと交わり近きを攻める」という意味の中国の兵法「遠交近攻」に学びたい。

試される日本の外交力・忍耐力・想像力

日本は自国の成長戦略は持っているが、それと同時に、中国の成長を妨害する国家戦略も策定すべきである。中国の経済成長が早い時期にピークアウトすることを目指し、あらゆる手段を講じるべきではあるまいか。

具体的には、中国が資源を確保しにくくなるように仕向けること、少子化が加速するように仕向けること、外国から中国への直接投資が減少するように仕向けること、中国が早く民主化するように仕向けること、中国が国際社会で孤立するように仕向けることなどが考えられよう。それぞれ具体的なタスクを洗い出し、その費用と有効性を検討して実行すべきだ。ただし、これはあくまでも水面下で行なわなくてはならない。

民間企業としては、世界の工場としての中国を終わらせるために、中国に工場を作らないという路線をとってほしい。中国でモノづくりをするメリットはすでに失われていて、多くの日本企業がベトナムやミャンマーなどに工場を移しつつあるのは、中国成長妨害戦略に合致するもので日本の国益に適う。ただし、中国は依然として大きな市場を持つため、売り先としては活用し続けるべきであろう。

私はこれまで、中国との付き合いは「近所付き合い程度」で十分だと述べてきた。人間同士にそれぞれ心地よい距離があるように、国同士にも個別に心地よい距離があってよい。人間が知り合い全員と親密にできないように、国だって、全ての国と極限まで仲良くすることはできない。そして、人間は無意識のうちに誰とどの程度の距離感で付き合うかを内心で決めている。
同様に、国も国益に照らし合わせ、戦略的に国毎に適切な距離を定めるべきなのだ。日本はどうも、付き合うべき国を遠ざけ、付き合わなくてよい国と親密になろうとするおかしな癖（くせ）がある。

尖閣問題が起きるまで、「日中友好」こそが正しい道で、これに反することは悪とされてきた。しかし、猛烈な反日デモを見せられた日本人が日中友好に疑問を持つようになったのは大きな進歩だと思う。**「日中友好」が正しいという時代はもう終わった。**先述したように、中華王朝と親密にした国ほど早く滅んできた歴史がある。

だが、これは反中が正しいということを意味しない。積極的に中国に敵対する必要はどこにもない。私は、日本は中国を敬して遠ざけ、近所付き合い程度の付き合いをすればよいと考えている。

そして、いかなる場合でも戦争は極力避けなければならない。日中問題を考えるうえで、**中国とは適切な距離を保ちつつ、とにかく戦争が起きないように上手に振る舞うことが最も重要なこと**ではないだろうか。いかなる挑発を受けても決してそれに乗ることなく、ひたすら耐え続けなくてはならない。そして、米国をはじめとする利害が一致する国と連携を深め、水面下では中国の経済成長を妨害する工作と、民主化を促進させる工作を進め、中国の国力が衰退する時期をじっと待つのである。日本の外交力・忍耐力・想像力が試されている。

中国の経済が膨張し、一気に軍拡が進むことは確実だが、その先に衰退があるのもまた確実だ。ゆえに、いかにその間を凌ぐかを考えればよいと私は思う。また、米国と欧州の経済も非常に厳しい状況にある。米国ではまたいつデフォルトの危機が訪れてもおかしくない状況で、欧州は金融危機が連鎖的に起きる危険性をつねに内包している。

それに比べれば、日本経済が沈没する要素は見当たらない。低成長とデフレに苦しむものの、先進国中最も安定した状態にあるといえよう。私たち日本人はそこに胡座(あぐら)をかくのではなく、つねに努力を怠らないようにしなければならない。

世界から「日本経済は終わった」と言われたことがこれまで幾度もあった。思えばABCD包囲網・大戦終結・オイルショック・円高ショック・東日本大震災などなど。それでも本当に日本経済が衰退したことはなかった。いまや欧米の経済のほうが「終わりそう」なのではあるまいか。日本人は目先の損得勘定に流されず、いままでのようにコツコツと仕事を積み上げていけばよい。

中国は二十年間耐えようとしている。日本は四十年間耐えるつもりで構えていこうではないか。日本には前途洋々たる未来が開けている。日本人は必ず日本を守り通すことができると私は信じている。

第七章 前近代国家・韓国の厄介さ

法治国家に見えて法治国家ではない国

第六章で日中関係について述べたが、日韓問題は、日中問題とはまた違った性質がある。よく中国と韓国は「中韓」などと一括りにされることがあるが、中国と韓国では国の性質や規模も違えば、国民の気質や文化などなど、あらゆる点が異なるといってもよいだろう。

もちろん領土問題や歴史認識問題など中韓が日本に対して連携してくることもあるが、中国と韓国では根本が異なるので、私たちは日韓問題を考えるうえで、中国とは切り離して、別の問題として考える必要があると思う。国が違えば、付き合い方や対処法も異なってくるからだ。

それに、ここ数年韓国がおかしくなっていると思わないだろうか。いや、韓国は昔からいろいろとおかしかったが、最近の韓国のおかしさは、これまでとはだいぶ違うように見える。

第七章では、韓国の問題点を点検することで、韓国という国の正体を明らかにして、それを踏まえて、日本のとるべき対処法を、私なりに述べていきたい。

日中関係も厄介だが、日韓関係はそれにもまして厄介である。韓国も中国や北朝鮮のように共産党の一党独裁だったら、民主主義や法治国家から程遠い国であると誰もが納得するところであり、まだ諦めもつく。しかし、韓国は立憲主義を採用する民主主義国で、法治国家でもあって、近代国家の体をなした先進国と見られている。そこが厄介なところだ。

なぜなら韓国の実態はそれとは大きく異なり、法治国家とは程遠い前近代的な国だからである。

法治国家（ここでは「法の支配」と同じ意味を持つ「実質的法治国家」について述べる）とは、国家権力の支配を排除して、権力を法で拘束することで、国民の権利・自由を守ることを目的とする原理であり、人治国家の対極にある。

人治国家とは、権力者（人）の支配がまかり通る国で、たとえば西太后の意見一つで国の政治が決定された中国の清朝や、「朕は国家なり」で知られるルイ一四世が、国の政治を自由に操ったフランス・ブルボン王朝などに代表される絶対君主主義がそれに当たる。

韓国は憲法を持ち、議会制民主主義の体制を敷いていて、法治国家としての体裁を整えているが、それは表面上のものであり、実態は前近代的な人治国家となんら変わるところがない。それを示す例は枚挙に遑がないが、まずよく知られているところから紹介しよう。仏像返還差し止め事件である。

●仏像返還差し止め事件の滅茶苦茶な主張

平成二十四年、海神神社（対馬市）の国指定重要文化財「銅造如来立像」、観音寺（対馬市）の長崎県指定文化財の「観世音菩薩坐像」、多久頭魂神社（対馬市）の長崎県指定文化財の「大蔵経」が韓国人窃盗団に盗まれる事件が起きた。平成二十五年に犯人の一部が逮捕され、仏像二体は回収された。これで事件は一気に解決するかに思われた。

ところが、仏像が韓国では国宝級の価値があるとわかると、返還を拒む運動が起こり、識者らが銅造如来立像は神功皇后が、また観世音菩薩坐像は倭寇もしくは豊臣秀吉が朝鮮から略奪したに違いないという滅茶苦茶な主張をして、ついに裁判が提起された。韓国最大の仏教宗派である曹渓宗の浮石寺が、同像は十四世紀に同寺で作られたと主張し、韓国の大田地方裁判所に「有体動産占有移転の禁止仮処分申請」を申し立てたのだ。

そして裁判所は、二月二十六日、一体について「観音寺側が仏像を正当に取得したということを訴訟で確認するまで、日本に仏像を返還してはならない」という仮処分決定を下し、いまだ返還されていない。

この事件は二つの問題を孕んでいる。第一に、条約よりも国内の裁判所の決定を優先させたこと、もしくは裁判所が条約に違反する決定を下したこと。第二に、裁判所が「法の下（もと）」ではなく「世論の下」に判決を出したことである。

第一の点について、日本政府は韓国の「文化財保護法」や、「文化財不法輸出入禁止条約」に基づき仏像の返還を求めている。この仏像は不法に国外に流出した文化財に当たるので、条約が履行されれば本来、速やかに日本に返還されるはずのものである。

そもそも、裁判所が条約に違反する決定を下すことが不可解だが、もしこのまま返還されなければ、韓国は国際条約よりも国内裁判所の判断を優先したことになり、国際的な誹（そし）りを受けることが免れない。これでは、まるで不動産を買ったあとで「家族会議で反対されたから取り消す」というようなものではないか。結んだ条約をあとになって国内判決を理由に簡単に覆すような国は、どの国からも信用されなくなるだろう。

第二の点については、韓国の裁判所が出した判決は「法」に基づかずに「人の感情」に左右されたもので、このことは韓国が法治国家ではないことを如実に示している。韓国は日本統治時代の明治四十五年（一九一二）に制令第七号で「朝鮮民事令」を制定し、特別に定める場合を除いては日本の民法と特別法を適用した経緯があり、韓国の法制度は、むろん相違点もあるが、日本の法制度を基礎としている。

韓国は独立後に独自の民法を作り、幾度か改正を経て現在に至る。韓国民法の条文数は計一一一八条で、日本民法の一〇四四条よりも七〇条あまり多い。韓国も日本と並ぶ綿密な民法を持っているのである。

そして、韓国民法と日本民法を比較すると、重なる部分が多く、たとえば信義誠実原則が一般条項として制約原理となっている点や、民法の基本原理が所有権絶対性原理、私的自治原理および過失責任原理であることは両国民法に共通するところである。異なるのは家族法の分野だが、今回問題となる物権法に関しては、ほとんど同じといってもよい。

もしこの事件が日本の裁判所で争われた場合「返還しなくてよい」という決定が下されることはありえない。「不法に盗んだものは、不法に盗み返してよい」という法理は存在しないからだ。

日本の司法だったら、日本が仏像を略奪したことの立証責任は中立人である浮石寺側にあるとされる。日本民法第一八八条は「占有者が占有物について行使する権利は適法に有するものと推定する」と規定しているため、この推定を覆すには立証を要する。六百〜七百年前の犯罪を裁判所で立証することは事実上、不可能であり、返還差し止めの仮処分が決定する可能性はない。

韓国民法も第一九七条第一項で「占有者は、所有の意思で善意、平穏かつ公然に占有するものと推定する」という同様の規定があるため、韓国裁判所が日本側に立証責任を押し付けたことは、明らかに韓国民法の規定に違反するものである。

しかも、韓国民法は第二一三条に「所有者は、その所有に属した物を占有した者に対して返還を請求することができる。ただし、占有者がその物を占有する権利があるときは、返還を拒否することができる」と明示している。仏像を盗んだ人間は逮捕拘留されているのであるから、占有者に占有する権利がないことは明白で、返還を拒絶する権利はない。このように、韓国民法をどのように読んでも、裁判所がこの判決を出せるわけがない。

韓国の裁判所が政治や世論により左右される傾向があることは、以前から度々指摘されてきたところである。司法には行政の暴走を止める役割が備わっているが、今回の事例では、行政に先行して司法が暴走したかたちになっている。韓国には外形上は三権の分立があるも、これでは「法の番人は不在」とされてもおかしくない。いや、むしろ韓国の裁判所こそ法を踏みにじる存在なのではあるまいか。韓国が近代的な法治国家ではなく、前近代的な人治国家といわれることのゆえんはここにある。

韓国文化財庁は「目立った強奪の痕跡がなく、布教活動を通じて日本に渡ったと見られる」とし、「略奪の根拠がないかぎり、法令に従って日本に返さなければならない」との立場を示しているが、これこそ法治国家としての理性的な意見であろう。少なくともこの一件に関しては、司法より行政のほうが良識を持っているようだ。

犯罪者でも反日ならば英雄になる

仏像返還差し止め事件の問題について論じてきたが、それ以外にも韓国の不法な振る舞いは多い。たとえば、韓国が靖国神社に放火した中国人の身柄引き渡しを拒んだ事件がある。

日本は「日韓犯罪人引渡し条約」によって、日本で罪を犯した中国人劉強（りゅうきょう）の身柄を引き渡すように要求していたが、韓国の高等裁判所は、平成二十五年一月三日に「政治犯」に当たるとして日本への引き渡しを拒絶する判決を下した。

同条約では、政治犯と認定された場合は引き渡しを拒めるとされていて、中国はこれに目を付け、劉強を政治犯として中国に送還するように求めていた。日本と中国の間で板挟みになった韓国がどのような態度をとるか注目されていた。

だが、韓国高裁は劉容疑者の行為は「政治的な大義のために行なったもの」とし、政治犯と認定した。そして、この判決を受けて韓国政府は、容疑者を政治犯として中国に送還してしまったのである。反日目的なら、犯罪ですら許容されるというのが韓国の司法判断であり、韓国政府もその判断に従ったかたちになる。

たしかに同条約には政治犯は引き渡さなくてよいことを定めた規定があるが、この適用は厳格でなくてはいけないのは条約の趣旨からして当然である。今回、放火犯を政治犯と認定したことで、政治目的であれば、殺人でもテロでも正当化されてしまうことになり、同条約は実質上、骨抜きにされたも同然だ。このように簡単にひっくり返されてしまうのであれば、「韓国といくら条約を結んでも何の意味もない」といわれても仕方ないであろう。

韓国が竹島を占拠した行為も不法な振る舞いだった。昭和二十八年（一九五三）四月二十日、韓国の警察から武器の供与を受けた民間組織「独島義勇守備隊」が竹島に上陸し、不法占有を開始。昭和三十一年（一九五六）四月に韓国治安局の武装警察官が常駐するようになり、現在に至る。

義勇守備隊が上陸したのはサンフランシスコ講和条約が発効した翌年だった。自衛隊法が成立したのが昭和二十九年（一九五四）であり、当時は自衛隊の前身組織の「保安隊」があったが、これは国内治安を担当する組織に過ぎず、外国勢力から領土を保全する能力を持っていなかった。

義勇守備隊は民間人の集まりとはいえ、ほとんどが傷痍軍人と警察官で構成されている。しかも、韓国警察から機関銃を供与され、李承晩大統領が警察に指示して迫撃砲一門と弾一〇〇発を義勇守備隊に支給させていることからして、軍や警察に準じる組織と見なくてはならない。

もし韓国が、日本が竹島を実効支配することを不服とするなら、国際司法裁判所に訴え出るのが正当である。韓国はその手続きを踏まず、日本が反撃能力を持たないことを知りつつ、むしろそれをよいことに、民兵を組織して力ずくで竹島を不法占拠したのだ。これを「卑怯者のやること」と言わずに何と言おうか。

そのうえ、昭和二十七年（一九五二）に韓国の李承晩大統領が「李承晩ライン」を宣言してから昭和四十年（一九六五）に「日韓基本条約」が締結されるまでの間、韓国軍は日本の漁船三二八隻を拿捕し、日本人四四人を死傷させ、約四〇〇〇人を抑留した。

昭和三十五年（一九六〇）に駐日米国大使ダグラス・マッカーサー二世は、国務省へ機密電文を送り、韓国のこのような行為について「国際的な品行や道徳等の基本原理を無視した実力行使の海賊行為」と表現している。

また、韓国はいまだに、伊藤博文（当時、枢密院議長）を暗殺したテロリスト安重根を抗

韓国が不法占拠している竹島(写真提供:AFP=時事)

日闘争の英雄と評価し、昭和四十五年(一九七〇)にはソウルに「安重根義士記念館」を建てたほか、韓国海軍は孫元一(そんげんいち)級潜水艦の三番艦の艦名に「安重根」を用いている。この点も韓国が前近代国家であることの証であろう。

安重根を顕彰する動きはいまなお続いている。平成二十五年六月二十八日に行なわれた中韓首脳会談で、朴槿恵(ぼくきんけい)大統領が習近平主席に、暗殺現場の中国黒竜江省ハルビン駅に安重根記念碑を設置するための協力を要請した。また、同年七月二十八日にソウルで開かれたサッカー東アジア杯の日韓戦で、韓国側の観客席に、安重根の肖像の巨大な幕や、韓国語で「歴史を忘れた民族に未来はない」と書いた横断幕が掲げられ、波紋を呼んだ。同じ試合の日本側の観客席には、韓国語で韓国の東日本大震災への支援に感謝する言葉の横断幕が掲げられたのとまったく対照的である。

韓国では「反日無罪」どころか、犯罪者でも反日なら英雄とされる「反日英雄」の文化が国家レベルにまで浸透しているように見える。そして、スポーツの世界にも民族主義が入り込み、競技場を政治活動の舞台とすることに、何の躊躇(ちゅうちょ)も感じないようだ。

対日請求権問題は全て解決済み

韓国との間では、賠償の類いの話がいつも問題にされる。その筆頭に挙げられるのがいわゆる従軍慰安婦問題で、その他にも、韓国人の戦時徴用をめぐる訴訟、対馬を返還せよという主張、さらには、日本が不法に入手した美術品を韓国に返還せよという主張もあり、これには先述の仏像の一件も関係している。

このような、韓国が日本に返還や賠償を要求する諸々の案件は、実は昭和四十年（一九六五）六月二十二日に日韓で結ばれた「日韓基本条約」とその付随協約である「日韓請求権並びに経済協力協定（日韓請求権協定）」により、全て解決していることを私たちは知っておく必要がある。

「日韓基本条約」と同時に締結された「日韓請求権協定」には、日本が韓国に対して膨大な金額の経済協力を行なうこと、その代わり、韓国の日本に対するいっさいの財産と請求権の問題が最終的に解決したことを確認することが明記されている。これに基づき、日本は韓国に無償で三億ドル、有償で二億ドル、民間借款で三億ドルを支払った（当時一ドル＝三六〇円）。当時の韓国の国家予算が三・五億ドル程度であるから、国家予算の約二倍以上の経済協力だった。

韓国政府は日本から受けた資金を元軍人ら遺族の補償金に充てている。しかし、戦後に死亡した者の遺族や在外朝鮮人などは対象から外している。補償の対象や金額は韓国政府の裁量に委ねたのであるから、分配に関して韓国国民の不満があったとしたら、それは韓国政府の問題であって、本来的に日本政府の責任ではない。

果たして、これほどの多額の経済協力をしてまで韓国との国交を正常化させる意味があったかどうかは疑問ではあるが、韓国はこの資金をもとに道路・発電所・ダムなどのインフラを整備し、数々の企業へ投資することによって「漢江の奇跡」と呼ばれる経済発展を遂げた。

しかしいずれにせよ、「日韓請求権協定」により、韓国の対日請求権問題は完全に解決されている。重要な部分なので、協定の原文を示しておく。

第二条「両締約国は、両締約国及びその国民（法人を含む。）の財産、権利及び利益並びに両締約国及びその国民の間の請求権に関する問題が、千九百五十一年九月八日にサン・フランシスコ市で署名された日本国との平和条約第四条(a)に規定されたものを含めて、**完全かつ最終的に解決されたこととなることを確認する**」

「日韓請求権協定」を踏みにじる二つの判決

条文から明らかなように、日本国と韓国の間だけでなく、日本国と韓国国民・韓国企業との間のいっさいの請求権は解決されている。

したがって、従軍慰安婦の賠償問題、韓国人の戦時徴用をめぐる訴訟、そして、対馬を返還せよという主張や、日本が不法に入手した美術品を韓国に返還せよという韓国の請求権などは、全て「日韓請求権協定」により解決しているのだ。

先述の仏像の問題にしても、同協定によって韓国は美術品を含めた請求権を放棄しているのであるから、日本が仏像を入手した経緯の合法性にかかわらず、韓国側に請求権はなく、国際法的にも日本が要求する返還を拒むことはできない。韓国の裁判所は日本との条約や協定を踏まえたうえで判断しなくてはいけないが、同協定は何も考慮されずに決定が下された。

それだけではない。韓国の裁判所は、平成二十五年七月、またしても「日韓請求権協定」を踏みにじる二つの判決を出した。これは韓国が法治国家であることを自ら否定しているに等しい。

日本統治時代に日本の製鉄所で強制労働をさせられたとして、韓国人四人が新日鐵住金（旧新日本製鐵）に損害賠償を求めた裁判で、ソウル高裁は七月十日、同社に計四億ウォン（約三五〇〇万円）の支払いを命じる判決を出した。戦後補償問題で韓国の裁判所が日本企業に賠償を命じたのはこれが初めてで、今後関連する訴訟に影響を与えるだけでなく、同様の訴訟が次々と提起される可能性がある。

案の定、この判決は別の裁判にも影響を与えたようだ。日本統治時代に徴用されたとする韓国人五人が、三菱重工業を相手取って未払い賃金や損害賠償を求めた裁判で、釜山高裁は七月三十日、一人当たり八〇〇〇万ウォン（約七〇〇万円）の支払いを命じる判決を出している。

韓国の裁判所は「日韓請求権協定」で韓国が請求権を放棄していることについて、いったいどのように説明しているのだろう。ソウル高裁の判決によると、同協定について「韓国政府が日本国内での個人請求権を外交的に保護する手段を失ったとしても、韓国内での請求権は消滅していない」という滅茶苦茶なことを述べている。

また、日本での確定判決の効力や時効成立に関しては「侵略戦争の正当性を否認するのが文明国家の共通価値」という意味不明な理由を述べた。この裁判で新日鐵住金は、日本では勝訴していること、仮に未払い賃金があっても時効が成立していることを主張していたが、それらの主張は「侵略戦争を正当化するもの」として却下されたのである。これが却下の理由として法的に認められないことは言うまでもない。

韓国民法にも第一六二条以下に消滅時効について規定があり、労働債権の時効は三年と規定される（日本民法では二年）。「侵略戦争を正当化するもの」という理由が時効を中断し、あるいは停止させる理由にならないことは、韓国民法からも明らかである。約七十年前の労働債権が時効にかからない理由があるのなら聞いてみたいものだ。

韓国の司法では、日本の侵略戦争に加担した日本企業の主張は、法律などは関係なく否定してよいということなのだろう。日本企業の法的主張に対して判決で「侵略戦争」を持ち出されたらたまったものではない。今後、日本企業は、韓国をパートナーとして見ることはできなくなるであろう。

このように、韓国は「日韓請求権協定」で巨額の資金の供与を受けて、請求権を放棄しておきながら、時間が経ったら、そのような約束は最初からなかったかのような態度で日本国や日本企業に次々と請求権をぶつけてくる。**これでは「韓国はゆすりたかりの名人」と言われても否定できないであろう。**

東京都よりも小さい韓国経済

日中友好への疑問についてはすでに述べたが、日韓友好にも私は疑問を感じている。日韓友好を説く人にその理由を尋ねても、納得のいく答えが返ってきたことは一度もない。大抵は「隣国なんだから仲良くしなきゃ」「価値観を共有している国なんだから」という答えしかない。

しかし、近いから仲良くしなくてはいけない道理があるだろうか。北朝鮮は近いが、対話ができる状況にないし、戦後しばらくは隣の旧ソ連とも険悪だった。アパートの隣の住人が暴力団や詐欺師だったら、付き合いをしないのが正当であろう。また近隣の国同士が険悪なのは世界史上よくあることである。他方、遠い米国とは友好関係を築いている。先述の「遠交近攻」の考え方は、中国人と朝鮮人が最も理解していることであろう。

また韓国が、日本や欧米諸国と価値観を共有している国という考えが幻想であることは、これまで述べてきたとおりである。外形上は法治国家を装っているが、韓国は完全な前近代国家で、国際法を遵守する態度もなく、国民感情が裁判所の判断を左右してしまう国だ。むしろ、誰も法治国家と思っていない中国のほうが付き合いやすいかもしれない。最初から司法や行政が国際法や国内法を遵守すると期待していないから、対処のしようもある。

そして日韓友好の必要性で必ず語られるのが「経済的理由」。しかし、韓国の経済は一般的に思われているほど大きくはない。二〇一二年の名目GDPは、韓国が一兆一五五九億ドルで世界一五位だったのに対し、日本は五兆九六四〇億ドルで世界第三位。韓国は日本の五分の一以下に過ぎず、東京都のGDPよりも低い。中国のGDPが日本を上回るのとは対照的だ。

また、韓国の面積は約一〇万平方キロメートルで日本の約四分の一。しかも、人口も約五〇〇〇万人で、日本の半分以下に過ぎない。面積約九六〇万平方キロメートルで人口約一三億四〇〇〇万人の中国とは比較の対象にはならない。

中国と韓国は日本にとって同じ隣国だが、中国が大国で、好むと好まざるとにかかわらず「無視できない国」であるのに対して、韓国は経済・面積・人口いずれをとっても日本の何分の一の規模に過ぎず、「無視できる国」である。韓国は日本人が思っているよりもずっと小さい国で、日本の国益に照らし合わせると、中国と比較して重要性はかなり低いといっても差し支えなかろう。**中国と韓国では「無視できない国」と「無視できる国」ほどの開きがあることを覚えておいてほしい。**

しかし、韓国はしきりに竹島や従軍慰安婦などについて、歴史の事実に反することを世界に宣伝している。また「韓国は日本の侵略を受けた」という歴史にない嘘や、旭日旗（きょくじつき）を侵略の象徴とする歴史認識なども、世界に吹聴して回っている。韓国の重要性は低いとはいえ、これを完全に無視するのは得策ではない。反論すべきことには、しっかりと反論しておく必要がある。

ところが、韓国は半世紀以上「反日」を国是としてきたので、いくら論理的に反論したところで、いまさら歴史認識を改めることはないと思われる。また、所詮、理屈が通る相手でもない。

そこで、日本は韓国に反論するのではなく、韓国は無視しつつ、欧米やアジア諸国に対して粘り強く歴史の事実を伝え、韓国の認識がどのように間違っているかを説明して回る必要があるのではないか。

たとえば、韓国はつい最近になって旭日旗を「侵略の象徴」と言い始めたが、これも早いうちに芽を摘んでおかなければ、竹島や従軍慰安婦の二の舞になるであろう。今後韓国が日本を攻撃する新しいネタを思いついて、主張を始めても同様である。

日本が朝鮮と戦争をした事実はない

明治時代から現在に至るまでの日韓の関係を鳥瞰(ちょうかん)してみて、もし一つ教訓を得られるとしたら、次のようなことではなかろうか。

「もし将来、韓国が再び『併合してほしい』と日本に要求してきたとしても、今度こそは絶対にその要求を呑んではいけない」

頼まれて併合したあと、日本がどれだけ韓国を経済的に支え、発展のために尽くしたとしても、そのことはまったく評価されないばかりか、全ては恨みに変わり、あることないこと、たくさんの嘘をついて金銭を要求してくることは目に見えているからだ。

また、もし日本が韓国に謝罪をすることがあるとすれば、それは「戦争に負けたこと」ではあるまいか。**日本は朝鮮と共に戦争をしたのであって、朝鮮と戦争をした事実はない。**日本が先の大戦に敗北したために、朝鮮半島では朝鮮戦争が勃発し、いまだに国が分断され、戦争が継続されている。しかも、朝鮮人は南北だけでなく、在日と在樺太も分断されてしまった。これらの原因の全ては、日本が戦争に負けたことであると私は思う。

韓国人が「侵略された」と言うとただの嘘つきに聞こえるが、「日本を信じてついていったのに、戦争に負けるとは何事か。いったいどうしてくれるんだ」と言われたほうが、日本人として納得がいくし、経済協力する気にもなるというものだ。

これまで述べてきたように、中国と韓国には大きな違いがある。そのため、日本は中国と韓国に対して異なった付き合い方をする必要がある。中国は大国であり、遠くない将来に経済も軍事も世界一の規模にのし上がる国である。中国は無視しようとしても、無視できない国になりつつある。そのため、中国は敬して遠ざけ、戦争にならないように上手に振る舞い、できれば早く経済が衰退し、人口が減退するように水面下で工作を進めるべきだ。

それに対して韓国は、中国はもとより、日本よりもだいぶ小さい国で、日本にとって利益になるのであれば付き合えばよい程度に過ぎない。だが、韓国も中国同様に法治国家ではないため、日本や欧米諸国と価値観を共有する国とは言い難く、無理して付き合う必要はないものと思う。また、「侵略戦争」の合言葉によって、国と国の約束である条約を、いとも簡単に破る国である。私には韓国が日本のパートナーとするに相応しい国とは思えない。日韓も、日本と北朝鮮程度の距離感がちょうどよいのではあるまいか。

したがって、**中国とは細心の注意を払いながら「近所付き合い程度」の距離を保つことが肝要であり、また韓国とはよほどの理由がないかぎり付き合わない方針を立てるのが日本の国益に適うと思う。それと同時に、日本は中韓北を除くアジア諸国との友好を深めるべきであろう。これを「アジアマイナス3構想」と名付けておきたい。**

「在日」「帰化人」を同胞として味方につけよ

これまで中国と韓国に対してはかなり厳しい意見を述べてきた。よほど、中韓を恨んでいると思われているかもしれない。本書でもあらためて厳しい意見を述べてきたが、読者に知ってもらいたいことがある。

まず、中国批判については、私自身が「中国のよき理解者」を自負していることの裏返しだと考えてほしい。私はこれまで二五〇回以上中国を訪問していて、中国語も話すし、外国人の友人のなかでは、中国人の友人がいちばん多い。また、北京や上海にいる普通の人民よりも、中国の歴史を知っているという自負もある。大学生のときには、バックパックを背負って、長期間、中国各地を旅して回ったこともある。

高校の第二外国語も中国語を選択し、慶應義塾大学では中国語インテンシブコースを履修したため、コマ数が通常の二倍あった。また高校時代から約十年間、清朝最後の皇帝として知られる溥儀のご親戚の王馬熙純先生に師事し、中国語と中華料理を習った。

そのようなわけで、私は中国や中国人のよいところも見えるし、そのぶん悪いところも見えるようになった。そこで、悪いと思うことについては、憚らず、しっかりと発言してきたつもりである。

また、韓国については、**私は保守論壇では珍しく「在日は日本の宝」であると主張し続けてきた**ことを述べておきたい。それだけ聞くと「？」と思う人も多いと思うが、これに賛同してもらうには、かなり丁寧な説明が必要だろう。

いわゆる「在日」は正式には「在日韓国人・朝鮮人」と表記される。また、日本国籍を取得した者は「在日」とはいわず、「帰化人」などと呼ぶが、本来「韓国・朝鮮系日本人」と表現すべき人たちである。ここでは「在日」と「帰化人」とを区別し、また「在日」でも「帰化人」でもない日本人を「日本人」と表記することにする。

「在日は日本の宝」という意味は、在日を宝だと思うことによって、宝になり得るという意味である。むろん、在日特権の問題は由々しき問題であり、また在日に反日活動をする輩がいるのも事実であり、放置できない。私の意見は、それらの問題をよしとする考えではないし、反日分子を肯定する考えでもないことは、わかったうえで読み進めてほしい。

私が思う理想像はこうだ。韓国の裁判所が不条理な判決を出したり、政府が条約に反する行為をしたり、大統領が竹島に上陸したり、サッカー競技場で韓国のサポーターが反日のデモをやったり、あるいは米国で従軍慰安婦の像が造られたりしたときに、日本にいる「在日」「帰化人」が激怒していっせいに立ち上がり、韓国に猛烈な抗議をして、彼らが国際社会に向けて日本の正しさと韓国の誤りを丁寧に説明してくれる状況である。たとえば「慰安婦の強制連行はなかった」という主張を日本人がするよりも、「在日」「帰化人」がするほうが国際的に説得力がある。国益に適うのだ。また、「在日」「帰化人」を敵に回したら損をするのは日本人なのである。

この状況は、彼らに形式的な日本人・日本住民ではなく、精神的に本物の日本人になってもらうことによって初めて実現できることだ。

在日は、日本で差別され、韓国や北朝鮮に戻ってもさらに強く差別される境遇にある。**在日や帰化人を「敵」と見なして退けるより、同胞として「味方」につけるほうが、日本の国益に適う**のではないかと思うのだ。これが理由の一つ目である。

千年経てば「在日」という概念はなくなる

そして二つ目の理由は、「在日」「帰化人」は将来の日本人の先祖であるということ。その説明に入る前に、「渡来人」という言葉について、本来は「帰化人」と表現すべきであることを確認しておきたい。「渡来人」というと、ただ物理的に渡ってきただけのことを意味するが、「帰化人」というと、日本人との精神的・心理的な一体感があることを前提とする。よく歴史の教科書などが「渡来人」と書いているのは、本質的には「帰化人」であると私は考えている。彼らは、日本に帰化し、日本人と一体となった人たちである。

そこで二つ目の理由の中身に入っていきたい。古墳時代から度々、中国大陸や朝鮮半島から多くの人が日本に渡ってきた。そのような異邦人たちを日本人は受け入れ、また時として技術や技能を持った異邦人たちを積極的に招き入れてきた。そして、間違いなくいえることは、**二千年かけて元の日本人と帰化人が混血をしてきた結果が「現代日本人」である**ということ。すなわち、歴史上の帰化人は、現代日本人の先祖であることになる。

したがって、近代以降に日本に渡ってきた「在日」「帰化人」たちと、日本人との混血が今後、進むのは間違いなく、**「現代日本人」と「在日」「帰化人」は、いずれも将来の日本人**

の先祖に当たる。

「在日」「帰化人」は渡来時期が異なるだけで、本質的には歴史上の「渡来人」（帰化人）となんら変わるところがないと思う。もし日本人と在日がいがみ合っていたら、将来の日本人の目には先祖同士が争っているように見えるはずだ。「在日」「帰化人」もまた将来の日本人の先祖であることを忘れてはいけない。

千年ほど経てば、もう「在日」という概念は残っていないだろう。しかも、帰化人と日本人の違いはなくなり、混血が進んで一体となっているはずである。現代日本人がそうであるように。渡来系の血がまったく入っていない日本人は確率論的に存在しない。現代日本人で、自分の何世代前のどの先祖に異邦人がいるか正確に把握できる人はまずいない。

ところで、日本には秦氏という帰化氏族がいる。『日本書紀』によると、いまから約千七百年前の応神天皇十四年（二八三）に朝鮮半島の百済から日本に渡ってきた一族で、真偽は不明だが『新撰姓氏録』には秦の始皇帝の末裔と記されている。

彼らは畿内を中心に各地に土着して土木・養蚕・機織などの技術を伝え、治水や寺院建築などにも深く関わり、大和朝廷を支えてきた。特に秦河勝は、聖徳太子の側近として活躍した人物で、豊富な財力で朝廷政治を支えたとされる。

そして、秦氏が帰化したのは約千七百年前であるから、確率を計算しても、現代日本人の大半は秦氏の血統を受け継いでいることになる。そして、帰化氏族は秦氏以外にもたくさんいることを覚えておいてほしい。

このように、「在日」「帰化人」と「日本人」は将来的に一体となる運命にあるから、彼らを「敵」に回すより「味方」につけて同化を促したほうが、双方にとってよいに決まっている。いや、それればかりか、**「在日」「帰化人」と日本人が対立していたら、それこそ韓国・北朝鮮の思う壺ではあるまいか。**

在日全体を否定するのはただの差別

もう一つ整理しておきたいことがある。「在日」と「帰化人」の違いだ。「在日」は韓国もしくは北朝鮮籍で日本に帰化していない人たち、また「帰化人」はかつて「在日」だった人たちで、帰化の手続きを経ていまは日本国籍を持っている人たちである。そしてそれぞれに子どもや、日本人の配偶者がいたりするので、「帰化人」と「日本人」を明確に区分するのは難しい。帰化人の子どもは日本人として生まれてくるからだ。むしろ、それこそが「帰化」ということの本質なのだろう。

私は、日本という恵まれた環境で生活する以上、在日は帰化するか、半島に帰るかのどちらかにしてほしいと思っている。日本が嫌いなら日本から出ていけばよい。日本が嫌いなのは結構だが、だったら無理に日本にいてもらってはお互いに嫌な思いをするだけだろう。だから、「帰化人」は認めても「在日」を認めない日本人が多いことは私には理解できる。

しかし、私が聞き込みをしたところ、特に若い世代の在日が帰化しない理由は「日本が嫌いだから」という民族意識とは別の理由が多いことがわかった。それは「父親の目が黒いうちは無理」というものだった。

つまり、内心では日本に帰化したいと思っていても、彼らは儒教精神の上に成り立っている「父権絶対主義」の世界に生きているので、親がどんなに理不尽なことを言っても絶対服従するのが普通だという。そして、帰化しない理由に父親を挙げる彼らの多くは、父がこの世を去ったら帰化したいと考えている。このような事情を知ると「在日は全員反日」とは限らないことがわかる。

私の経験からいうと、「在日」「帰化人」には日本人が毛嫌いするような思想の持ち主もいるが、善良な日本市民たる「在日」「帰化人」が多いことも純然たる事実だ。私は多くの「在日」「帰化人」の友人を持つが、彼らのなかには普通の日本人以上に日本人の精神を宿し、皇室を敬愛する人も多い。なかには、悪質な在日との言論闘争をする在日もいる。他方、純粋な日本人のなかにも、おかしな奴はいるものだ。

だから、悪質な在日も多いとはいえ、**在日であることだけをもって、彼らの全てを否定する論調には私は与（くみ）したくない。在日全体を否定するのは、ただの差別でしかない。**これが三つ目の理由である。理解されないことを嘆くより、進んで理解することこそ、和を尊ぶ日本人の態度ではないかと思う。

なぜ韓国冷麺より盛岡冷麺のほうが旨いのか

さて、日本にはどれくらいの「在日」「帰化人」がいるのだろうか。日本に在留する韓国・朝鮮籍の人数は平成二十二年末で約五三万人、また平成二十一年までに帰化した韓国・朝鮮人の累計は約二九万六〇〇〇人に上る。

帰化人の子孫は日本人として出生するため、この数字には含まれていない。また、日本国籍の在日の配偶者や、在日と日本人との間に日本人として生まれた人数も含まれていないため、家族まで含めると実際はもっと多い数字になる。彼らは日本で働いて納税し、日本で消費していることも押さえておきたい。

ところで、私は「在日」「帰化人」は韓国人・北朝鮮人よりも正直で優秀であるという仮説を立てている。これについて述べていきたい。

人間の性質は遺伝によるものもあるが、出生後の環境によるものが大きい。私とて同じ遺伝子を持っていても中国で生まれ育っていたら、目を吊り上げて反日デモに参加していたかもしれない。それと同じように、朝鮮族の子でも、日本に生まれ育ったら、両親が極端な民族教育をしないかぎり、日本語を母国語として韓国語はほとんど話せず、日本人と同じような気質を備えることになる。大多数の在日の子は、神社に参拝もすれば、七五三を祝い、日本人と同じような文化的生活を送っている。

ここでは深く踏み込まないが、私は日本の環境で育った人間は優秀になると考えている。もしこの仮説が正しければ、朝鮮半島に生まれ育った韓国・朝鮮人よりも、日本に生まれ育った「在日」「帰化人」のほうが優秀であるはずだ。

案の定、韓国で食べる焼き肉よりも、日本で食べる焼き肉のほうが数段旨いし、韓国で食べる冷麺よりも、盛岡冷麵のほうが旨いではないか。石焼きビビンバと韓国海苔を発明したのも在日である。

そして、日本式焼き肉や盛岡冷麵などは、「在日」「帰化人」たちが独自に作り上げた文化であり、それとて、世界一の肉牛を生産しているのは日本であるなど、日本の環境があって初めて成立したものであるから、焼き肉文化などは日本人・在日・帰化人の共同作業が作り上げたものなのだ。私はそのような文化に価値を見出している。

私は焼き肉が好きなので、旨い焼き肉を食べて、朝鮮系の店員さんに優しくされると嬉しい気持ちになるし、韓国に旅行しても、接する韓国人たちはよい人がほとんどだ。ところで、私は本書で中韓を厳しく批判してきたが、それは個別の「人」を批判しているのではなく、中華人民共和国と大韓民国を批判しているに過ぎない。

異質であるから違ったものを生み出せる

ここまで長らく説明してきたような理由により、私は帰化人はもとより、在日ですら「日本人」だと思って接してきた。在日のうち一人でも多くが、将来日本人としての誇りを持って帰化してくれることを望んでいる。そして私は「在日は日本の宝」だと思うことにして、それを口に出してみることにしたのである。

しかし、だからといって私は外国人参政権の付与には反対である。中韓の反日勢力が日本をコントロールするための道具にする可能性があるからだ。投票したければ、けじめとして日本に帰化すべきだと思っている。とはいえ、先述のとおり帰化しない在日には日本人気質がまったくないとは思っていない。

ところが、在日がいっせいに帰化するのも問題がある。もしそうなったら、事実上、外国人参政権を認めたのと同じ結果になってしまうからだ。したがって、期限を定めて帰国か帰化か二者択一を迫るのではなく、ゆるやかに帰化を増やすことが肝要である。先に述べたように、世代交代するときに、じわじわ帰化者が増えることが予想される。

またそれに関連していうと、国籍法が改悪され、現在は外国人が簡単に日本国籍を取得できるようになってしまったことは問題である。五年住んだだけで取得できるというのだから驚くほかない。大陸や半島から無尽蔵に人がやってきたら大変なことになる。国籍取得要件は厳しくする必要がある。

そして、在日が帰化する条件も現状では低すぎるという意見がある。条件があまり低いのも問題だが、高すぎるのもよくない。日本国憲法の枠内で、合理的な条件を設定すればよい。たとえば一定期間を留保期間として、犯罪などを犯していないことを確認して帰化を認めるという方法もあるだろう。

ところで、凶悪犯罪の多くが「在日」「帰化人」によるものだという指摘もある。犯罪を繰り返したあげくに帰化して通名にすれば、犯罪歴がわからなくなるため、帰化を悪用する輩もいる。私は帰化一世には通名を認めず、二世か三世以降に、犯罪歴がないことを条件にして認めればよいと考える。帰化一世が朝鮮名を名乗れば、それだけで朝鮮系日本人であることが識別できるので、帰化と通名が犯罪の温床にならずに済む。

「韓国人は嘘つきだから帰化してもきっと裏切るに違いない」という意見もある。その真偽はともかく、もしそうであるならば、多くの在日が、形式だけでなく、精神面でも日本人になってほしいと願うのが筋ではなかろうか。だからといって、日本人の側からただ「精神的に日本人になれ」と命令しても効果は薄い。それこそ「はい」と嘘を言って国籍を取得することができてしまう。そこで、日本人としてできることは、在日に帰化を促し、そして帰化した在日を祝福し歓迎することではないかと思う。

たとえば、私にできることはこんなことだ。「これで君も日本人になったんだから、このくらいのことは知っておけ」と言って『古事記』や『日本国史』の本をプレゼントすること。もしくは、そういうことを組織的にやる団体があってもよいだろう。いや、それを政府がやるともっとよい。日本人になることを感謝させ**る**のではなく、彼らが自然と感謝**する**ような環境作りが大切だと思う。

もし在日が喜びをもって帰化したなら、裏切られることもない。またこれは、時間が解決することだと思う。先述の秦氏がいまさら叛乱するなど考えられない。飛鳥時代や奈良時代に日本人が多くの異邦人を温かく受け入れてきた。そんな緩やかな時代に思いを馳せてみてはどうだろう。たしかに最近の韓国はおかしい。だからこそ日本人は冷静に物事を考えていかなくてはならないと思う。

「在日」「帰化人」は異民族であるから、異質であることは当然であろう。でも、異質であるからこそ、日系日本人とは違ったものを作り出せる可能性があるのではないか。先述した日本式焼き肉はその一例である。

「在日が日本を救う」と言ったら大げさに聞こえるかもしれないが、**「在日」「帰化人」の大半が日本人意識を持ち始めたら、強大な国益になる。「日本を愛する日本人は、『在日』『帰化人』を愛せ」というのが私からのメッセージである。「在日」「帰化人」を受け入れることは、和の精神に合致するだけでなく、日本に活力を与えると信じている。**

終章 国を愛すれば未来は輝きわたる

●日本経済の規模はいまだ大きい

日本人は戦争に負けてからというもの、すっかり誇りと自信を失ってしまった。しかし、二つの原爆が落とされ、日本中の都市が焼夷弾で破壊され、見渡すかぎりの焼け野原になっても、日本人は希望を失うことがなかった。それまで戦争に注いでいた情熱は、今度は敗戦からの復興に充てられた。戦争の記憶を消そうとするかのように。

そして、奇跡の復興を遂げ、世界有数の経済大国の地位を回復したことは、第六章で述べたとおりである。

私は戦後の高度経済成長期に生まれたため、物心ついたとき、すでに日本は経済大国だった。そのため、私の世代は日本が貧しかったときのことを知らない。そしていまや、戦争の記憶のない世代が、日本社会の大半を占めるようになった。だから、日本が経済大国であることや、平和であることを当たり前のように思っている人が多くても、致し方のないことである。

現在の日本は、内憂外患を抱えていて、経済一つとっても、長引く不景気とデフレに苦しんでいる。しかし、日本経済の規模はいまだ大きく、日本人の多くが思っている以上に世界に対する影響力は大きい。

ＧＤＰを国際比較すると、日本経済の大きさがわかる。二〇一二年の名目ＧＤＰは、日本が五兆九六四〇億ドルで世界第三位。韓国の一兆一五五九億ドルをかなり大きく引き離している。日本のＧＤＰが他国の何倍に当たるか、いくつか挙げてみよう。

ロシアの約三倍、スウェーデンの約一一倍、オーストラリアの約一五倍、ベトナムの約四三倍、ミャンマーの約一一二倍、ウガンダの約二八四倍、ラオスの約六四七倍、ブータンの約二七一一倍、ツバルの約一五万倍。いかに日本のＧＤＰが大きいかを理解していただけただろう。

日本の国土は約三七万八〇〇〇平方キロメートルで世界六〇位、しかも、世界の陸地の〇・二五％に過ぎない。それほど小さな国土しか持たない日本が、世界有数の経済力を保持しているのである。

ところで、日本の県のＧＤＰで比較すると次のようになる。東京都が韓国より上位、大阪府がオーストラリアより上位、福岡県がフィリピンより上位、静岡県がニュージーランドより上位となる。日本の県レベルで、アジアや欧州、大洋州の一カ国分程度の経済規模を持っていることがわかるだろう。

ネット上に面白い地図があったので紹介したい。これは、日本の各都道府県と近い経済規模の国・地域・州を探し出して、それぞれに国旗や州旗をあしらったものである。日本は小さな島国だが、日本だけで一つの立派な経済圏を形成していることが、視覚的にわかる。ちなみに、一〇カ国が加盟する東南アジア諸国連合（ASEAN）のGDPの総計が日本のGDPの三分の一である。

ついでに企業の売り上げとも比較しておくと、トヨタ自動車の二〇一四年三月期の連結決算の見通しが二三兆五〇〇〇億円と発表されたが、これはフィンランドやフィリピンのGDPに匹敵する。

また、日本はGDPでは中国に第二位の座を奪われたが、二〇一二年の国家予算では日本はいまだ米国に次ぐ第二位の規模を保っている。米国のCIAが発行する『The World Factbook』によれば、二〇一二年の世界各国の国家予算で、世界最大の歳出を計上したのが米国の三兆六四九〇億ドル、次いで日本が二兆五七〇〇億ドル（日本の財務省の公表では二二八兆七六五九億円）、その次が中国で二兆三一〇億ドルだった。また、韓国の国家予算は二四九二億ドルで、日本の約一〇分の一程度である。

私たち日本人は、豊かであること、そして平和であることに慣れてしまい、それが当たり

日本の都道府県と近い経済規模の国・地域・州の国旗、州旗をあしらった地図

鳥取=ヨルダン
広島=ハンガリー
岡山=イラク
山口=クロアチア
香川=スリランカ
愛媛=エクアドル
徳島=ケニア
高知=ラトビア
福岡=エジプト
佐賀=レバノン
長崎=スロベニア
大分=ベラルーシ
熊本=リビア
宮崎=チュニジア
鹿児島=オマーン
沖縄=ウルグアイ
長野=スロバキア
山梨=ミャンマー
愛知=スウェーデン
岐阜=ブリュッセル
静岡=チェコ
富山=ルクセンブルク
石川=スーダン
福井=グアテマラ
三重=バングラデシュ
滋賀=ハワイ州
京都=ウクライナ
大阪=ポーランド
兵庫=香港
奈良=セルビア
和歌山=リトアニア
島根=エチオピア
北海道=ナイジェリア
青森=シリア
秋田=アゼルバイジャン
岩手=ドミニカ共和国
山形=ブルガリア
宮城=ベトナム
福島=アンゴラ
茨城=カタール
栃木=モロッコ
群馬=ネブラスカ州
埼玉=フィンランド
千葉=ポルトガル
神奈川=サウジアラビア
東京=メキシコ
新潟=カザフスタン

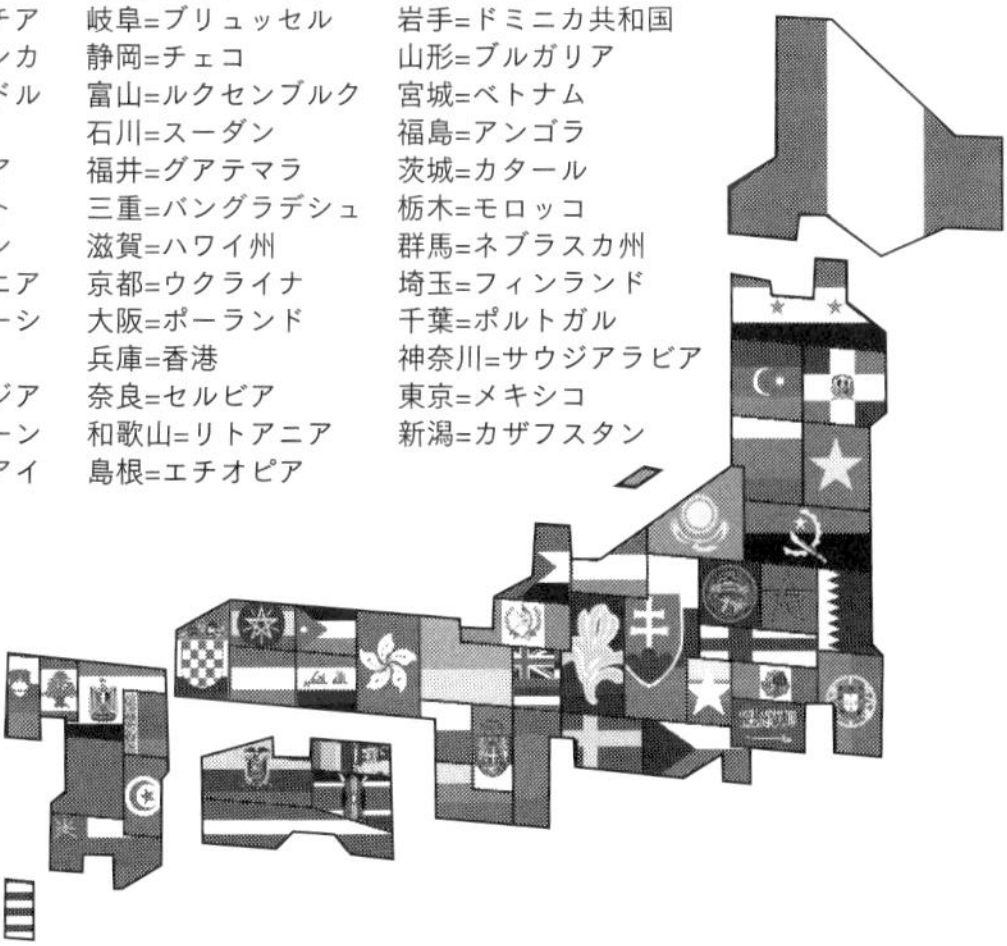

出所：「海外ネタつれずれ」(URL:http://blog.livedoor.jp/meaningless88/archives/2575471.html)より作成

前のように思っている節がある。しかし、敗戦によって全てを失い、ゼロからの再スタートを切った日本が、短期間のうちにこれほどの経済復興を果たしたことは、まさに人類の奇跡というに相応しい。

長引く不況のなかにあるとはいえ、日本はいまだ絶大なる経済力を保っている。戦後の貧しい日本を知らない世代も、先輩たちの努力を忘れてはいけない。**日本人が大国であることに慢心したとしたら、国の未来はないだろう。**

●経済一辺倒になって滅びた国――カルタゴ

ところが、慢心以外にも落とし穴はある。**国民の興味が経済一辺倒になってしまうと、国は滅びるという実例を、私たちはカルタゴの歴史から学ばなくてはいけない。**日本の戦後の歴史は、かつてカルタゴが滅びた歴史と酷似していて、そのままなぞっているようにすら見えるからだ。

カルタゴは二千年以上前に、現在のチュニジア共和国の首都チュニス近郊にあった古代都市国家で、地中海世界で大いに繁栄した。しかし、第二次ポエニ戦争でローマと戦ったところ、中盤まではイタリア半島を手中に収め、ローマを恐怖のどん底に陥れるところまで善戦したが、終盤戦であっけなく敗北し、前二〇一年にローマから一方的に突き付けられた次の条件の講和を承認して、戦争は終結した。

一、**完全武装解除。**カルタゴは三段櫂船一〇隻を除いて、全艦隊をローマに引き渡し、老朽船はいっさい焼却する。また、戦闘用の象はローマが没収し、以降、象の飼育・調教は認めない。

カルタゴの勢力図（BC260年ごろ）

二、**カルタゴの独立は認めるが、本国以外の全ての領土を放棄すること。**ヌミディアのマッシニッサが自領として主張している土地も同国に返還すること。

三、**カルタゴの安全はローマが保証する。カルタゴは専守防衛の目的にかぎり、自衛軍の存在を認められるが、海外での戦争行為は絶対許されない。**また北アフリカにおける自衛のための戦争といえども、ローマとの〝事前協議〟を必要とする。

四、本条約がローマ元老院の承認を得るまで、カルタゴに駐留するローマ軍の給与、食糧、その他、いっさいの費用はカルタゴが支払うこと。

五、脱走兵、逃亡奴隷、捕虜を無償でローマに引き渡すこと。

六、賠償金として一万タレントをローマに支弁すること。ただし五十年賦の支払いを認める。
七、十歳以上、三十歳以下の男子百人を総司令官スキピオの人選によってローマに送ること。

（森本哲郎『ある通商国家の興亡――カルタゴの遺書』ＰＨＰ文庫より）

この講和条件を読むと、先の大戦の終結に当たり日本が受諾した「ポツダム宣言」と共通点が多いことに気付くはずだ。なんとか国としての独立は認められたものの、戦争が禁止され、軍の保持が制限されたことは、日本国憲法の第九条を彷彿とさせるものがある。

ところが、戦後のカルタゴは経済活動に専念し、持ち前の商才を発揮して、奇跡の復興の末、経済大国に復帰したのだった。終戦からわずか十年後の前一九一年には、カルタゴは賠償金の残額をまとめて支払いたいと申し出たほどである。

他方、戦勝国のローマは、戦利品と賠償金を手にして栄えたものの、財政赤字と貿易赤字とインフレに苦しみ、次第にカルタゴの復興を妬むようになり、それがやがて脅威論に発展していく。カルタゴは講和条約を誠実に履行しているため、ローマとの友好関係が良好であると錯覚していたようだ。

しかし、実際はその正反対で、その友好は表面的なものに過ぎず、やがてローマはカルタゴを攻める口実を探し始める。

そして、ついにローマはその口実を掴んだ。それは、隣国ヌミディアが領土侵犯を繰り返したことに対して、カルタゴが軍を動かしたことである。自衛戦争であっても、軍を動かすにはローマとの事前協議が必要だったが、カルタゴはこの約束を違（たが）えたというのが、カルタゴを攻める口実にされてしまった。

これがきっかけとなり、ローマがカルタゴに大軍を派遣して第三次ポエニ戦争が始まった。講和から五十二年が経過していた。カルタゴは軍の保持を厳しく制限されていたにもかかわらず、戦争をしながら猛烈な勢いで武器を製造して健闘したが、籠城にも限界があった。

三年に及ぶ激闘の末、前一四六年に、約七百年栄えてきたカルタゴはついに滅亡した。ローマ軍はカルタゴの全てを破壊して殲滅したあと、カルタゴが二度と復興することがないように、大量の塩を撒いて作物が育たない不毛の土地にしたと伝えられている。ローマのカルタゴに対する強い嫉妬心は、強い憎悪に変わっていたことが窺える。

教育・外交・軍事を変えれば国家が変わる

私たちはカルタゴの興亡の歴史に学ぶところが多い。カルタゴが滅んだ最大の原因は、戦後の縛りのなかで経済一辺倒に傾いたところにあると思う。カルタゴ人はとにかく商売には長けていたが、教育と外交と軍事を疎かにした。

カルタゴでの教育は経済と商業が中心で、道徳や倫理を軽んじたばかりか、自国が歩んできた歴史をしっかりと教えなかった。その結果、カルタゴが大国としての責任を果たそうとせず、また、幾度もローマと戦ってきた歴史に学ぼうとしなかったことが、第三次ポエニ戦争を招いたのではなかろうか。教育を間違うと国が滅びることの典型である。

そして、国民の興味が金銭に集中して、拝金主義・金銭至上主義に傾いたことで、経済は成長しても、近隣諸国と友好関係を築く努力を怠り、貿易相手国に恩恵を与えることをしなかった。しかも、軍事には無関心で、いくら講和条約があるとはいえ、国際協力と引き換えに軍備を保持できるような働きかけもしていない。

ある歴史家が記した言葉を紹介したい。

「カルタゴの歴史は文明の浅薄さと脆弱さをはっきり示している。それは彼らが富の獲得だけに血道をあげて、経済的な力のほかに、政治的な、知的な、倫理的な進歩をめざそうと、何の努力もしなかった、ということである」(J. Toutain "The Economic Life of the Ancient World" 1969、前掲『ある通商国家の興亡――カルタゴの遺書』より)

カルタゴは経済力のみを頼りにして国を切り盛りしようとした。たしかに、経済は力である。しかし、経済だけでつながる関係はかくも脆弱であることを、いまを生きる私たち日本人は学ばなくてはいけない。日本と中韓の貿易量がいかに増えても、信頼関係が築けないことは、この教訓から納得がいく。

そして、**カルタゴが教育と外交と軍事を疎かにしてしまったことは、国を滅亡させる三大要素になった。戦後の日本も、この三つを疎かにしてきたのではあるまいか。**経済は重要だが、あくまでも教育・外交・軍事の三本の柱があってこその経済でなくてはならない。経済はカルタゴの強みのはずだったが、最後は弱みに変わってしまった。

本書では、第三章でGHQによって教育が捩じ曲げられたこと、また第五章で憲法第九条の呪縛が、外交と軍事をおかしなものにしている点を述べてきた。日本は戦後の復興により経済大国の地位を得たが、もし今後も教育・外交・軍事を怠る状況が続けば、日本もいつかカルタゴのように滅びる運命にあると考えなくてはならない。

教科書の近隣諸国条項を撤廃せよ

日本とカルタゴは気味が悪いほど一致するところがあるが、本質的に異なるところもある。カルタゴ人は歴史的に教育・外交・軍事を軽んじていたが、日本人は元来、教育・外交・軍事を重視してきたという点である。いま日本人がこれらを軽んじているのはGHQの占領政策によるものであって、もともとのものではない。

ならば、日本人がGHQのWGIPによる精神的呪縛から解き放たれ、教育・外交・軍事の重要性を再認識することができれば、それだけで日本は盤石な国に変貌するであろう。

まず、教育に関しては、そろそろまともな教科書を使うようにならなくてはいけない。一九五〇年代初めの、共産主義者たちが武力闘争に励んでいた時期に、共産党幹部の志賀義雄が次のように武力闘争を批判した。

「なにも武闘革命などする必要はない。共産党が作った教科書で、社会主義革命を信奉する日教組の教師が、みっちり反日教育をほどこせば、三十〜四十年後にはその青少年が日本の支配者となり指導者となる。教育で共産革命は達成できる」

この言葉が予言したとおり、おかしな教科書が普及して、日本人はおかしくなってしまったが、その逆も可能であることを知るべきだ。**もし真っ当な教科書が普及したなら、真っ当な青年が育ち、将来日本の指導者となって、そのときに本当の日本の復興が実現するのである。**

そのためには、まず教科書の近隣諸国条項を撤廃して、教科書の記述に中韓への配慮をしなくてもよい状況を作り、教科書法を制定して学問的根拠のない記述を禁止すべきである。そして、そろそろ「教育勅語」の廃止決議の無効を確認し、これを復活させるべきではあるまいか。道徳教育が欠如したいまの日本に必要なことと思う。

また、外交と軍事に関しては、先に述べたように、憲法第九条を改正することによって、日本人は精神的呪縛から解放される。自立した国の外交と軍事を考えるうえで、九条改正は必須になる。

その他、教育・外交・軍事をどのように変えれば日本がよくなるか、多くの国民が日本人であることの自覚を持ち、智恵を出し合って議論を深めていかなくてはならない。そのなかで、日本の将来のかたちが定まっていくであろう。

日本を救う「子だくさん計画」

そこで、私から一つ、日本を元気にして、日本の未来を切り拓く政策を提言したい。それは「子だくさん計画」である。これまで少子化対策については、散々議論されてきたが、ほとんど有効な対策が取られていないのが現状である。

これまでの少子化対策が功を奏さないのには原因がある。それは、本腰を入れてこなかったからだ。本腰を入れないとは、具体的には予算を割いてこなかったという意味である。少子化は日本の危機であるという認識が薄いのではあるまいか。本当に国の危機と認識したなら、巨額の予算をつぎ込んででも達成しなくてはいけない。「問題だ」と言われているが、深刻な問題として共有されていないように思えてならない。

日本の総人口は、平成二十二年の国勢調査の結果によると一億二八〇五万七三五二人で、前回調査より増加しているものの、間もなく長期の減少過程に入ることが確実である。内閣府の予測によると、平成三十八年（二〇二六）に人口一億二〇〇〇万人を下回ったあとも減少を続け、平成六十年（二〇四八）には一億人を割って九九一三万人となり、平成七十二年（二〇六〇）には八六七四万人になると推計されている。

日本が国力を維持するためには、一定の人口を維持することが必要である。そのために私が考えたのは、政府が出産祝い金を出すこと。その金額は、一人目は二〇〇万円、二人目は三〇〇万円、三人目以降は四〇〇万円。しかも出産に関わる医療費は無料とする。

出産を望まない理由と、中絶をする理由のトップは経済的理由であり、二人目がほしくても経済的理由で断念する場合が最も多いことを鑑みると、多額の出産一時金があれば子どもを望む夫婦が急増するはずだ。中絶をすれば医療費がかかるが、出産すれば医療費がかからないとなれば、産みやすくなる。

そこで、この制度を導入した場合に、通常よりも倍の数の赤ちゃんが生まれてくると仮定しよう。平成二十四年の出生数は約一〇四万人だったので、制度導入により、一〇〇万人余分に生まれてくるとすれば、必要な予算は医療費を入れても、六兆円もかからない。これを十年続けても予算は六〇兆円程度。不可能な額ではない。

この仮定によれば、毎年一〇〇万人ずつ「余分に」赤ちゃんが生まれてくるのだから、十年で一〇〇〇万人の人口が「余分に」確保される計算になる。この手法が機能することが確認されれば、あと十年でも二十年でも続ければよいだろう。先ほどの人口推計に当てはめてみると、この政策によって日本の人口は減少に転じることなく、維持することが可能になる。

この「子だくさん計画」は短期的・中期的・長期的に日本の経済を下支えする。まず、出産祝い金は子どもの養育のために短期間に使い切られる場合がほとんどで、たちまち市中に回るお金になるということ。つまり、短期的な経済効果が期待でき、この政策が導入されれば、子ども服、子ども用品、塾などなど、子ども関連産業が一気に景気づくはずだ。しかも、テレビや雑誌で子ども特集が頻繁に組まれるなどするだろう。子どもが多い社会は、笑顔が溢れ、活気づく。この活気こそ、目に見えない景気刺激策になる。

そして中期的には、生まれてきた子どもはやがて、日本経済の担い手となり、消費者となり、そして納税者となるのであるから、二〇〇〇万円や三〇〇〇万円程度で「余分に」日本国民が確保できるのであれば、安い出費ではないか。そして長期的には、日本の人口減少を食い止めることができる。あらゆる政策のなかで、短期・中期・長期にわたり経済効果を出し続ける政策は珍しい。

これを実行するに当たり「少子化」という言葉の使用を廃止すべきだ。後ろ向きな言葉だからである。代わりに使うべきは「多産」であろう。したがって「多産省」を設置して、多産大臣を置いて、多産予算を確保する。

ただし、経済成長を前提とする社会システムはやがて限界に達すると見られる。欧州でも経済成長を前提としない社会の実現に向けた研究がすでに始まっている。日本もいまのうちから、かつて平安時代や江戸時代がそうであったように、経済成長をせずとも社会が成り立っていくための基礎研究を始めるべきであろう。

いま日本を元気にする私なりの政策を述べてみたが、このようなことを考えるだけで元気が出てくると思わないだろうか。

歴史的に日本人は日本好きだった

日本人はいつから日本が好きになったのだろう。もともと日本人は日本が好きだったはずである。それは何も、日本に限ったことではないはずだ。世界のどこでも、人間は生まれ育った家を愛し、故郷を愛し、国を愛するものだ。もしそうでない人がいたら、きっと何か特殊な事情があったに違いない。

まして日本は、二千年以上一つの王朝を保って現在に至る。それは、軍隊が守ったからではなく、国民が守ったから実現したことだ。それだけ日本人は日本の国を強い慈しみの気持ちで支えてきたのであり、日本人が国を好きと思う心は相当強かった。

とはいえ、日本の歴史はつねに順風満帆ではなかった。四世紀には日本が朝鮮に出兵して惨敗したことを高句麗が書き遺しているし、中大兄皇子の時代には、百済を助けるために再び派兵し、白村江で惨敗している。雄略天皇の時代に朝貢を停止し、聖徳太子が中華王朝との対等外交を試みるあたりは、薄氷を踏むような慎重な政治判断の連続だったと思われる。そして、朝貢を拒んだがゆえに、元寇を受け、このときは神風が吹かなければ日本は中華王朝に支配されていたところだった。幕末維新でも、一つ間違えば日本は欧米列強の草刈り場になった可能性がある。その後、日清・日露両戦役で勝利を収めたものの、先の大戦では大敗を喫し、国が滅ぼされる可能性も濃厚だった。

このように、日本はさまざまな外国との軋轢のなかで、いつも天皇と国民が一体となって、団結して困難を乗り越えてきたのである。

また、日本は島国であり、民族と言語が一致しているので、団結する力が強いことは、むしろ当然であろう。しかも、日本の歴史を通じて、大規模な宗教戦争は経験がなく、為政者の権力闘争はあっても、住民が虐殺され、また玉砕するようなこともなく、連帯感のなかで歴史を刻んできた。歴史的に日本人は日本が好きだった。

私たちが震災のなかで気付いたこと

ところが、本書がこれまで述べてきたように、終戦によって、日本人が日本を愛したり、好きになったり、肯定したりすることが禁止されてしまった。最初は思っていることを口に出せない程度だったが、あまり時間が経過すると、戦後教育を受けた世代は、そのことを疑問に思うこともなくなってしまった。そして、自虐史観に基づく反日思想が、日本人の基準になってしまったのである。

だから、真っ当な視点に立って、教育・外交・軍事を論じると、たちまち「右翼」「軍国主義」のレッテルを貼られる社会になっていた。

もしこのまま何も起きなければ、日本人の民族性と愛国心は失われ、かつてカルタゴがたどったのとまったく同じ道を歩むことになったであろう。あと三十年でも、あの拝金主義が蔓延していたら、日本の未来はなかった。

そんなときに、東日本大震災が起きた。多くの尊い命を失って初めて私たちは、長い眠りから覚めたように、日本人の精神を取り戻した。それが、先述したように、私のフランスの友人に「全員がキリストのように見えた」と言わしめたのだ。

そして、それに続く内憂外患、すなわち、内憂は民主党政権、そして外患はロシアが北方領土を、韓国が竹島を、そして中国が尖閣諸島を侵す行動に出たことで、日本人の国民意識に火が付いたのではあるまいか。このような環境の変化なくして、あの時期に安倍政権が成立した可能性はないと思う。

よく中韓の新聞が「日本は右傾化している」と書き立てるが、大きく左に傾いていた日本社会が、近年ゆっくりと中央に戻り始めているだけで、かつて吐けなかった正論が、堂々と吐けるようになっただけだ。むしろ右傾化しているのは中国や韓国のほうではあるまいか。私は地球上で最も危険な政権は「習近平政権」だと思っている。

近年、日本人が日本のことに興味を持った。日本で日本ブームが起きたのは、戦後初めてである。**日本人が日本を好きになったのは、東日本大震災からではなかったかと思う。**これだけ大きな災害を経験しないと気付かなかったかと思うと、日本人として反省至極である。

しかし、震災から年月が経過したいまも、多くの被災者が不自由な生活を続けていて、復興とは程遠いのが現状である。もし、ただ壊れたものを直すことを復興としてしまったら、亡くなった方々は浮かばれない。

私たちは震災で、大切なものはカネだけではないということに気付かされた。これまで意識もしていなかったもの、たとえば家族や地域の絆や、日本人の精神、そういったものに本当に価値があることを知った。私たち日本人が原点に立ち返り、美しい日本の精神を取り戻し、その光のなかで立ち上がって本物の復興を遂げたときに、もしかしたら震災で亡くなった方々に報いることができるのかもしれない。

それでも、いまの日本はそれなりに輝いていると思う。しかし、**もし将来、真っ当な教育が施されるようになり、憲法第九条が改正されて敗戦コンプレックスから抜け出し、未来の青年たちが、日本人であることの誇りと、国を愛する心を持つようになったら、日本はどうなるだろうか。そうなったら、日本は輝きわたると私は思っている。**

あとがき

平成二十二年（二〇一〇）に刊行した『日本はなぜ世界でいちばん人気があるのか』（PHP新書）は、私が「日本人は日本のことが嫌い」という世相を感じただけではなく、それを示す統計データを目にしたのが執筆の動機だった。そのときは、なんとか多くの人に日本を好きになってほしい、という思いで原稿に向かっていたのをよく覚えている。

それから三年程度しか経っていないが、平成二十五年（二〇一三）になると、私は日本人が日本を好きになっていることに気付いた。なぜあそこまで日本嫌いだった日本人が、日本のことを好きになったのか。それを分析することが『Ｖｏｉｃｅ』の連載「『日本が好き』といえる時代」の始まりだった。

そもそもなぜ日本人は日本が嫌いになったのかという問題に正面から向き合おうと思い、ＧＨＱが日本を占領したときに、いったいどのようにして日本人の意識を変えさせたのか、それをじっくり掘り下げてみようと思った。私自身も本書の執筆を経ることで、多くのことを学んだ。

これらのことを踏まえて日本の将来を考えるのと、踏まえずに考えるのとでは何かが違うと思う。皆さんが日本の未来を考えるうえでの一助になったら幸いである。

日本で日本への関心が高まっているこの現象を、一つのブームに終わらせるのではなく、しっかりと定着させていかなくてはならないと思う。ただし、日本を思う気持ちが高ぶりすぎて、危険な方向に走ることがあってもならない。

これから、特に教育・外交・軍事などの問題について、本質的な議論が積み上げられていくことだろう。国民一人ひとりがこれらの問題を自分のこととして考えられたら、大きな力になる。日本の未来を切り拓くのは、私たち自身であることを忘れてはならない。


本書を出版するに当たり、多くの方々のご協力をいただいた。まず、憲法関係でアドバイスを下さった慶應義塾大学の小林節教授に厚く御礼申し上げたい。

次に、新書の発刊に当たってはＰＨＰ研究所新書出版部の林知輝様と藤岡岳哉様、そして連載に当たっては『Ｖｏｉｃｅ』編集長の前田守人様に多大なるご協力をいただいた。

また、本書のタイトルを付けるに当たっては、放送作家のたむらようこ様にご協力をいただだいた。この場を借りて御礼を申し上げたい。

平成二十五年木染月吉日

竹田恒泰

主要参考文献・引用文献

【第一章】「普通の国」へ進化してきた日本

『世界60カ国 価値観データブック』電通総研・日本リサーチセンター編、同友館、二〇〇四年一月

「Aussies top world list of national pride」『The Economist』October 02, 2009

「Views of Europe Slide Sharply in Global Poll, While Views of China Improve」『BBC World Service Poll 2012』May 10, 2012

「Views of China and India Slide in Global poll, While UK's Ratings Climb」『BBC World Service Poll 2013』May 22, 2013

「それでも世界から愛される日本」『朝鮮日報』日本語版・電子版、二〇一三年六月二日

『中国青年報』二〇〇九年九月二十九日

『環球時報』二〇一二年五月二十九日

「社会意識に関する世論調査」内閣府ウェブサイト

『The New York Times』March 20, 2011

三島由紀夫「果たし得ていない約束―私の中の25年」『サンケイ新聞』夕刊、一九七〇年七月七日

【第二章】ＧＨＱが日本人を骨抜きにした

坂本義和、R・E・ウォード編『日本占領の研究』東京大学出版会、一九八七年二月

「日本の精神的な武装も解除」『朝日新聞』一九四五年九月四日

『The Washington Post』June 29, 1945
ダグラス・マッカーサー『マッカーサー回想記』（全二巻）朝日新聞社、一九六四年
小堀桂一郎『昭和天皇』（PHP新書）PHP研究所、一九九九年七月
藤田尚徳『侍従長の回想』講談社、一九六一年
Jan 25, 1946 CA57235- MacArthur to WARCOS-JCS
高橋史朗『天皇と戦後教育』ヒューマンドキュメント社、一九八九年二月
高橋史朗『検証 戦後教育―日本人も知らなかった戦後五十年の原点』広池学園出版部、一九九五年八月

【第三章】「戦後教育マニュアル」の正体

西鋭夫『國破れてマッカーサー』（中公文庫）中央公論新社、二〇〇五年七月
森口朗『日教組』（新潮新書）新潮社、二〇一〇年十二月
高橋史朗・前掲書一九九五年
『新教育指針』「第一分冊―第一部（前ぺん）新日本建設の根本問題」文部省、一九四六年七月

【第四章】「国体の護持」を達成した日本国憲法

鈴木一編『鈴木貫太郎自伝』時事通信社、一九六八年四月
木戸幸一『木戸幸一日記』（全二巻）東京大学出版会、一九六六年
下村海南『終戦記』鎌倉文庫、一九四八年
寺崎英成、マリコ・テラサキ・ミラー編著『昭和天皇独白録 寺崎英成・御用掛日記』文藝春秋、一九九一年三月
野中俊彦他編『注釈憲法（一）』有斐閣、二〇〇〇年十二月
大石眞『日本憲法史（第二版）』有斐閣、二〇〇五年三月
芦部信喜『憲法（第五版）』高橋和之補訂、岩波書店、二〇一一年三月

宮沢俊義『憲法の原理』岩波書店、一九六七年

【第五章】 九条改正と謝罪外交の終焉

野中俊彦他編・前掲書二〇〇〇年
小林節『「憲法」改正と改悪』時事通信社、二〇一二年五月
小林節『白熱講義！日本国憲法改正』（ベスト新書）KKベストセラーズ、二〇一三年四月
畠基晃『憲法9条　研究と議論の最前線』青林書院、二〇〇六年五月

【第六章】 中国は敬して遠ざけよ

王錦思「GDPで日本を3回追い抜いた中国」『人民網日本語版』二〇一〇年九月一日
张海鹏・李国强「论《马关条约》与钓鱼岛问题」『人民日报』二〇一三年五月八日
「2060年、日本は『経済小国』OECD予測、中国・インドは『大国』」『朝日新聞』二〇一二年十一月十日
「中国国防費『12年後に米抜く』」『産経新聞』二〇一三年一月一日
「『2030年は覇権国家なし』アジア復興、欧米・日『相対的衰退』米情報機関予測」『朝日新聞』二〇一二年十二月十一日
「世界の工場　陰る優位性　中国内陸で賃上げ圧力　労働人口も減」『フジサンケイ ビジネスアイ』二〇一三年四月五日

【第七章】 前近代国家・韓国の厄介さ

李英美「韓国における民事慣習の成文法化過程に関する最近の研究動向」『東洋文化研究』学習院大学東洋文化研究所、第七号、二〇〇五年三月、三四九〜三六七ページ
朴洪圭「韓国法入門―日本法との比較」（特別講義「韓国法」講義原稿、二〇〇七年）（http://legalprofession.law.

osaka-u.ac.jp　大阪大学大学院法学研究科「法曹の新しい職域」研究会ウェブサイト）
韓国ＷＥＢ六法（http://www.geocities.co.jp/wallstreet/9133/target.html）

【終章】　国を愛すれば未来は輝きわたる

二〇一二年の各国の名目ＧＤＰ IMF - World Economic Outlook Databases
「日本の都道府県を同じくらいのＧＤＰを持つ国で示した地図を作ってみた」「海外ネタつれずれ」（http://blog.livedoor.jp/meaningless88/archives/2575471.html）より作成）
二〇一二年の各国の国家予算　CIA-The World Factbook
森本哲郎『ある通商国家の興亡―カルタゴの遺書』（ＰＨＰ文庫）ＰＨＰ研究所、一九九三年十月
栗田伸子、佐藤育子『通商国家カルタゴ』（興亡の世界史03）講談社、二〇〇九年九月

【拙著のなかで本書の内容と関係するもの】

竹田恒泰『語られなかった皇族たちの真実』小学館、二〇〇六年一月
竹田恒泰『旧皇族が語る天皇の日本史』ＰＨＰ新書、二〇〇八年二月
竹田恒泰『日本はなぜ世界でいちばん人気があるのか』ＰＨＰ新書、二〇一〇年十二月
竹田恒泰『日本人はなぜ日本のことを知らないのか』ＰＨＰ新書、二〇一一年九月
竹田恒泰『面白いけど笑えない中国の話』ビジネス社、二〇一三年七月
竹田恒泰『日本人の原点がわかる「国体」の授業』ＰＨＰ研究所、二〇一三年七月
竹田恒泰・呉善花『日本人て、なんですか？』ビジネス社、二〇一一年十月

竹田研究会のご案内

全国で竹田恒泰氏を講師とする講座を開催しています。東京から始まったこの竹田研究会は、北海道、宮城、石川、富山、新潟、愛知、京都、大阪、兵庫、奈良、広島、岡山、山口、愛媛、福岡とその輪が広がり、全国規模となりました。国史、日本神話、憲法をはじめ、日本の伝統や皇室に関する数多くの講座を行なっています。詳細は下記までお問い合わせください。
（ただし、電話での受付は行なっておりません）

[竹田研究会本部事務局]
Eメール：honbu@takedaken.org
ＦＡＸ：03-6435-1953
竹田研究会のオフィシャルサイト　www.takedaken.org

本書は『Voice』平成25年5月号〜10月号の連載「『日本が好き』といえる時代」に大幅加筆・再構成してまとめたものである。

PHP新書

PHP INTERFACE
http://www.php.co.jp/

竹田恒泰［たけだ・つねやす］

昭和50年（1975）旧皇族・竹田家に生まれる。明治天皇の玄孫に当たる。慶應義塾大学法学部法律学科卒業。専門は憲法学・史学。作家。慶應義塾大学法学研究科講師（憲法学）として「憲法特殊講義（天皇と憲法）」を担当。平成18年（2006）に著書『語られなかった皇族たちの真実』（小学館）で第15回山本七平賞を受賞。平成20年（2008）に論文「天皇は本当に主権者から象徴に転落したのか?」で第2回「真の近現代史観」懸賞論文・最優秀藤誠志賞を受賞。

著書はほかに『旧皇族が語る天皇の日本史』『日本はなぜ世界でいちばん人気があるのか』『日本人はなぜ日本のことを知らないのか』（以上、PHP新書）、『日本人の原点がわかる「国体」の授業』（PHP研究所）、『現代語古事記』（学研M文庫）など多数ある。

日本人はいつ日本が好きになったのか

PHP新書888

二〇一三年十月二日　第一版第一刷
二〇一三年十一月十二日　第一版第六刷

著者――竹田恒泰
発行者――小林成彦
発行所――株式会社PHP研究所
東京本部――〒102-8331　千代田区一番町21
新書出版部　☎03-3239-6298（編集）
普及一部　☎03-3239-6233（販売）
京都本部――〒601-8411　京都市南区西九条北ノ内町11
組版――有限会社エヴリ・シンク
装幀者――芦澤泰偉＋児崎雅淑
印刷所
製本所――図書印刷株式会社

ISBN978-4-569-81440-7

ＰＨＰ新書刊行にあたって

「繁栄を通じて平和と幸福を」（PEACE and HAPPINESS through PROSPERITY）の願いのもと、ＰＨＰ研究所が創設されて今年で五十周年を迎えます。その歩みは、日本人が先の戦争を乗り越え、並々ならぬ努力を続けて、今日の繁栄を築き上げてきた軌跡に重なります。

しかし、平和で豊かな生活を手にした現在、多くの日本人は、自分が何のために生きているのか、どのように生きていきたいのかを、見失いつつあるように思われます。そして、その間にも、日本国内や世界のみならず地球規模での大きな変化が日々生起し、解決すべき問題となって私たちのもとに押し寄せてきます。

このような時代に人生の確かな価値を見出し、生きる喜びに満ちあふれた社会を実現するために、いま何が求められているのでしょうか。それは、先達が培ってきた知恵を紡ぎ直すこと、その上で自分たち一人一人がおかれた現実と進むべき未来について丹念に考えていくこと以外にはありません。

その営みは、単なる知識に終わらない深い思索へ、そしてよく生きるための哲学への旅でもあります。弊所が創設五十周年を迎えましたのを機に、ＰＨＰ新書を創刊し、この新たな旅を読者と共に歩んでいきたいと思っています。多くの読者の共感と支援を心よりお願いいたします。

一九九六年十月

ＰＨＰ研究所

380 貧乏クジ世代　香山リカ
389 効果10倍の〈教える〉技術　吉田新一郎
396 われら戦後世代の「坂の上の雲」　寺島実郎
418 女性の品格　坂東眞理子
495 親の品格　坂東眞理子
504 生活保護vsワーキングプア　大山典宏
515 バカ親、バカ教師にもほどがある　藤原和博／[聞き手]川端裕人
522 プロ法律家のクレーマー対応術　横山雅文
537 ネットいじめ　荻上チキ
546 本質を見抜く力――環境・食料・エネルギー　養老孟司／竹村公太郎
558 若者が3年で辞めない会社の法則　本田有明
561 日本人はなぜ環境問題にだまされるのか　武田邦彦
569 高齢者医療難民　吉岡 充／村上正泰
570 地球の目線　竹村真一
577 読まない力　養老孟司
586 理系バカと文系バカ　竹内 薫[著]／嵯峨野功一[構成]
599 共感する脳　有田秀穂
601 オバマのすごさ やるべきことは全てやる!　岸本裕紀子
602 「勉強しろ」と言わずに子供を勉強させる法　小林公夫
618 世界一幸福な国デンマークの暮らし方　千葉忠夫
621 コミュニケーション力を引き出す　平田オリザ／蓮行
629 テレビは見てはいけない　苫米地英人
632 あの演説はなぜ人を動かしたのか　川上徹也
633 医療崩壊の真犯人　村上正泰
637 海の色が語る地球環境　功刀正行
641 マグネシウム文明論　矢部 孝／山路達也
642 数字のウソを見破る　中原英臣／佐川 峻
648 7割は課長にさえなれません　城 繁幸
651 平気で冤罪をつくる人たち　井上 薫
652 〈就活〉廃止論　佐藤孝治
654 わが子を算数・数学のできる子にする方法　小出順一
661 友だち不信社会　山脇由貴子
675 中学受験に合格する子の親がしていること　小林公夫
678 世代間格差ってなんだ　城 繁幸／小黒一正／高橋亮平
681 スウェーデンはなぜ強いのか　北岡孝義
687 生み出す力　西澤潤一
692 女性の幸福[仕事編]　坂東眞理子
693 29歳でクビになる人、残る人　菊原智明
694 就活のしきたり　石渡嶺司
706 日本はスウェーデンになるべきか　高岡 望
720 格差と貧困のないデンマーク　千葉忠夫

739 20代からはじめる社会貢献 小暮真久
741 本物の医師になれる人、なれない人 小林公夫
751 日本人として読んでおきたい保守の名著 潮 匡人
753 日本人の心はなぜ強かったのか 齋藤 孝
764 地産地消のエネルギー革命 黒岩祐治
766 やすらかな死を迎えるためにしておくべきこと 大野竜三
769 学者になるか、起業家になるか 城戸淳二／坂本桂一
780 幸せな小国オランダの智慧 紺野 登
783 原発「危険神話」の崩壊 池田信夫
786 新聞・テレビはなぜ平気で「ウソ」をつくのか 上杉 隆
789 「勉強しろ」と言わずに子供を勉強させる言葉 小林公夫
792 「日本」を捨てよ 苫米地英人
798 日本人の美徳を育てた「修身」の教科書 金谷俊一郎
816 なぜ風が吹くと電車は止まるのか 梅原 淳
817 迷い婚と悟り婚 島田雅彦
818 若者、バカ者、よそ者 真壁昭夫
819 日本のリアル 養老孟司
823 となりの闇社会 一橋文哉
828 ハッカーの手口 岡嶋裕史
829 頼れない国でどう生きようか 加藤嘉一／古市憲寿
830 感情労働シンドローム 岸本裕紀子
831 原発難民 烏賀陽弘道
832 スポーツの世界は学歴社会 橘木俊詔／齋藤隆志
839 50歳からの孤独と結婚 金澤 匠
840 日本の怖い数字 佐藤 拓
847 子どもの問題 いかに解決するか 岡田尊司／魚住絹代
854 女子校力 杉浦由美子
857 大津中2いじめ自殺 共同通信大阪社会部
858 中学受験に失敗しない 高濱正伸
866 40歳以上はもういらない 田原総一朗
869 若者の取扱説明書 齋藤 孝
870 しなやかな仕事術 林 文子
872 この国はなぜ被害者を守らないのか 川田龍平
875 コンクリート崩壊 溝渕利明
879 原発の正しい「やめさせ方」 石川和男

［**思想・哲学**］

032 〈対話〉のない社会 中島義道
058 悲鳴をあげる身体 鷲田清一
083 「弱者」とはだれか 小浜逸郎
086 脳死・クローン・遺伝子治療 加藤尚武
223 不幸論 中島義道
468 「人間嫌い」のルール 中島義道

520 世界をつくった八大聖人 一条真也
555 哲学は人生の役に立つのか 木田 元
596 日本を創った思想家たち 鷲田小彌太
614 やっぱり、人はわかりあえない 中島義道／小浜逸郎
658 オッサンになる人、ならない人 富増章成
682 「肩の荷」をおろして生きる 上田紀行
721 人生をやり直すための哲学 小川仁志
733 吉本隆明と柄谷行人 合田正人
785 中村天風と「六然訓」 合田周平
856 現代語訳 西国立志編 サミュエル・スマイルズ［著］／中村正直［訳］／金谷俊一郎［現代語訳］

［文学・芸術］

258 「芸術力」の磨きかた 林 望
343 ドラえもん学 横山泰行
368 ヴァイオリニストの音楽案内 高嶋ちさ子
391 村上春樹の隣には三島由紀夫がいつもいる。 佐藤幹夫
415 本の読み方 スロー・リーディングの実践 平野啓一郎
421 「近代日本文学」の誕生 坪内祐三
497 すべては音楽から生まれる 茂木健一郎
519 團十郎の歌舞伎案内 市川團十郎
578 心と響き合う読書案内 小川洋子
581 ファッションから名画を読む 深井晃子
588 小説の読み方 平野啓一郎
612 身もフタもない日本文学史 清水義範
617 岡本太郎 平野暁臣
623 「モナリザ」の微笑み 布施英利
668 謎解き「アリス物語」 稲木昭子／沖田知子
707 宇宙にとって人間とは何か 小松左京
731 フランス的クラシック生活 ルネ・マルタン［著］／高野麻衣［解説］
781 チャイコフスキーがなぜか好き 亀山郁夫
820 心に訊く音楽、心に効く音楽 高橋幸宏
842 伊熊よし子のおいしい音楽案内 伊熊よし子
843 仲代達矢が語る 日本映画黄金時代 春日太一

［心理・精神医学］

053 カウンセリング心理学入門 國分康孝
065 社会的ひきこもり 斎藤 環
103 生きていくことの意味 諸富祥彦
111 「うつ」を治す 大野 裕
171 学ぶ意欲の心理学 市川伸一
196 〈自己愛〉と〈依存〉の精神分析 和田秀樹

304 パーソナリティ障害　岡田尊司
364 子どもの「心の病」を知る　岡田尊司
381 言いたいことが言えない人　加藤諦三
453 だれにでも「いい顔」をしてしまう人　加藤諦三
487 なぜ自信が持てないのか　根本橘夫
534 「私はうつ」と言いたがる人たち　香山リカ
550 「うつ」になりやすい人　加藤諦三
583 だましの手口　西田公昭
627 音に色が見える世界　岩崎純一
680 だれとも打ち解けられない人　加藤諦三
695 大人のための精神分析入門　妙木浩之
697 統合失調症　岡田尊司
701 絶対に影響力のある言葉　伊東 明
703 ゲームキャラしか愛せない脳　正高信男
724 真面目なのに生きるのが辛い人　加藤諦三
730 記憶の整理術　榎本博明
796 老後のイライラを捨てる技術　保坂 隆
799 動物に「うつ」はあるのか　加藤忠史
803 困難を乗り越える力　蝦名玲子
825 事故がなくならない理由（わけ）　芳賀 繁
862 働く人のための精神医学　岡田尊司
867 「自分はこんなもんじゃない」の心理　榎本博明

［**医療・健康**］

336 心の病は食事で治す　生田 哲
436 高次脳機能障害　橋本圭司
498 「まじめ」をやめれば病気にならない　安保 徹
499 空腹力　石原結實
551 体温力　石原結實
552 食べ物を変えれば脳が変わる　生田 哲
656 温泉に入ると病気にならない　松田忠徳
669 検診で寿命は延びない　岡田正彦
685 家族のための介護入門　岡田慎一郎
690 合格を勝ち取る睡眠法　遠藤拓郎
698 病気にならない脳の習慣　生田 哲
712 「がまん」するから老化する　和田秀樹
754 「思考の老化」をどう防ぐか　和田秀樹
756 老いを遅らせる薬　石浦章一
760 「健康食」のウソ　幕内秀夫
770 ボケたくなければ、これを食べなさい　白澤卓二
773 腹7分目は病気にならない　米山公啓
774 知らないと怖い糖尿病の話　宮本正章
788 老人性うつ　和田秀樹
794 日本の医療 この人を見よ　海堂 尊

811 悩みを「力」に変える100の言葉　植西 聰
813 やめたくなったら、こう考える　有森裕子
814 老いの災厄　鈴木健二
815 考えずに、頭を使う　桜庭和志
822 あなたのお金はどこに消えた？　本田 健
827 直感力　羽生善治
836 阪神の四番　新井貴浩
844 執着心　野村克也
850 伊良部秀輝　団 野村
855 投手論　吉井理人
859 みっともないお金の使い方　川北義則
873 死後のプロデュース　金子稚子

［地理・文化］

264 「国民の祝日」の由来がわかる小事典　所 功
332 ほんとうは日本に憧れる中国人　王 敏
465・466 ［決定版］京都の寺社505を歩く（上・下）　山折哲雄／槇野 修
592 日本の曖昧(あいまい)力　呉 善花
635 ハーフはなぜ才能を発揮するのか　山下真弥
639 世界カワイイ革命　櫻井孝昌
650 奈良の寺社150を歩く　山折哲雄／槇野 修
670 発酵食品の魔法の力　小泉武夫／石毛直道［編著］
684 望郷酒場を行く　森 まゆみ
696 サツマイモと日本人　伊藤章治
705 日本はなぜ世界でいちばん人気があるのか　竹田恒泰
744 天空の帝国インカ　山本紀夫
757 江戸東京の寺社609を歩く 下町・東郊編　山折哲雄／槇野 修
758 江戸東京の寺社609を歩く 山の手・西郊編　山折哲雄／槇野 修
765 世界の常識vs日本のことわざ　布施克彦
779 東京はなぜ世界一の都市なのか　鈴木伸子
804 日本人の数え方がわかる小事典　飯倉晴武
845 鎌倉の寺社122を歩く　山折哲雄／槇野 修
877 日本が好きすぎる中国人女子　櫻井孝昌

［言語・外国語］

643 白川静さんと遊ぶ 漢字百熟語　小山鉄郎
723 「古文」で身につく、ほんものの日本語　鳥光 宏
767 人を動かす英語　ウィリアム・ヴァンス［著］／神田房枝［監訳］